novum pro

Horváth Diána

Lépj az árnyékod elé

novum pro

www.novumpublishing.hu

Minden jog fenntartva,
beleértve a mű film,
rádió és televízió, fotómechanikai
kiadását, hanghordozón és
elektronikus adathordozón való
forgalmazását, valamint kivonat
megjelentetését, illetve az
utánnyomását is.

Nyomtatva az Európai Unióban
környezetbarát, klór- és savmentes,
fehérített papírra.

© 2022 novum publishing

ISBN 978-3-99131-252-9
Lektor: Sósné Karácsonyi Mária
Borítóképek: Pavel Chagochkin,
Denis Belitskiy,
Kevin Carden | Dreamstime.com
Borító, tördelés & nyomda:
novum publishing

www.novumpublishing.hu

Tartalomjegyzék

Előszó	7
Bevezetés	9
Az első csalódásom	11
A kétség, és az ismétlődő negatívumok	15
Szerelem vagy szeretet?	20
Az egyedüllét nem magány	23
Szerepek a párkapcsolatban	25
Párkapcsolatok az életemben	28
A kommunikáció fontossága	38
A jelenség, avagy nem minden az, aminek látszik	42
A társkeresők veszélyei	46
A bizalom	49
A felelősség	51
Gyermekeink, mint legnagyobb tanítóink	53
Szédülésem története	58
Méhnyakrákom története	65
A hit és pozitív gondolkodás	72
Ne várd a csodát!	76
Segítő erők	78
Te a saját utadon jársz?	81
Meg mered-e lépni?	83
Motiváció a jobb napért	86
A célok meghatározása	89
Karma asztrológiai betekintés	93
Kos jegy, és feladata	98
Bika jegy, és feladata	101
Ikrek jegy, és feladata	103
Rák jegy, és feladata	107
Oroszlán jegy, és feladata	110
Szűz jegy, és feladata	113
Mérleg jegy, és feladata	117
Skorpió jegy, és feladata	120

Nyilas jegy, és feladata 123
Bak jegy, és feladata 126
Vízöntő jegy, és feladata 129
Halak jegy, és feladata 132
Összegzés és zárszó 135

ELŐSZÓ

Mindenkinek szüksége van kapaszkodóra, ami átsegít a szürke hétköznapok akadályokkal teli ösvényén. Nem a megoldások, a csodák könyvét tartod a kezedben. Számos megtapasztalást, tanult megoldási módszert mutatok be, ami segít megerősítened magadban az érzést, hogy nem vagy egyedül a problémáiddal.

Ez a könyv azoknak szól, akik éreznek egy leheletnyi inspirációt arra, hogy ezt a nagybetűs életet lehet ennél is jobban csinálni, élni, megélni, fizikai és szellemi síkon egyaránt.

Magamból kiindulva, és rengeteg ügyféllel közös munka során megtapasztaltam és egyre biztosabb vagyok benne, hogy mindenki érezhette már kilátástalannak a helyzetét (anyagi válság, szerelmi csalódás, egészségügyi problémák stb.). Miután túljutottunk ezen eseményeken, szituációkon, átvészeltük azokat, és lepergett pár év, visszatekintve sokat tanított, fejlesztett rajtunk mindaz, amit egykoron megoldhatatlannak láttunk.

Számos, lehetetlennek tűnő helyzet adódott az életemben, amikor kétségbeesetten vártam a megoldást valahonnan, valakitől. Rengeteg spirituális, motivációs könyvet olvastam, kerestem a segítő személyeket, és elvégeztem minden lehetséges tanfolyamot, iskolát, de valahogy önállóan egyiket sem tudtam teljesen magaménak érezni és megérteni a megoldásról szóló mondanivalót. Mindenből merítettem, és kialakítottam a saját módszeremet és filozófiámat.

Azóta hajt valami belülről, hogy segítsem mások életét, és ez inspirált arra, hogy megírjam ezt a könyvet.

Nagyon megszoktam azt a fajta kommunikációt, azt a személyes hangnemet, amit most a könyvemben is tapasztalni lehet. Tegező viszonyban született meg ez a könyv, legfőképpen azért, mert úgy érzem, hogy ezáltal egy sokkal bensőségesebb tanácsadói szerepkört tudok biztosítani mindenki számára. A mondanivalóm mindenki azon belső énjéhez szól és olyan mély témákat érint, amit így tudok a legátütőbb módon megfogalmazni és átadni.

A könyvben szerepel több ügyfél is pszichológiai és asztrológiai megközelítésből, valamint bemutatom, hogy mit, hogyan sikerült megoldani, illetve, hogy milyen lehetőségeket tapasztaltam jónak és hatékonynak magamra nézve és az engem segítségért, tanácsért megkeresők eseteiben.

Szívből ajánlom ezt a könyvet segítségül a mindennapokhoz. Ha egyetlen ember is elolvassa, csak egyetlen ember számára lesz benne csupán egyetlen mondat, ami segíteni tud, ami számára hiányzott, hogy lépjen, tegyen, változtasson, hogy tudatosan megélje az életet, akkor már volt értelme annak az időnek és energiának, amit arra fordítottam, hogy ez a könyv létrejöjjön.

BEVEZETÉS

Születésemtől fogva az okokat, a miérteket keresem. Mindent a legapróbb részletességgel, és nagyon precíz elemzéssel, már-már szőrszálhasogatóként vizsgálok, hogy megtaláljam a válaszokat.

Mindig van egy olyan szituáció az ember életében, ami előhozza azt a kérdést, hogy *miért is történik ez, miért pont velem történik ez, hogy tudnék ezen változtatni*.

Ez nálam is így volt. Egyre mélyebbre és mélyebbre ástam magam a spiritualitás világába. Közben személyiségemnek megfelelően a racionális oldalon is kellett tanuljak, képezzem magam, hogy onnan is kapjak válaszokat. Ha a spirituális oldalon találtam egy „majdnem" választ a kérdéseimre, akkor racionális oldalon is kellett hozzá találnom egy másik jellegű magyarázatot, okot ugyanarra a kérdésre.

Diplomámat a Budapesti Gazdasági Főiskola humánerőforrás-menedzser szakán szereztem, már itt is éreztem és tudtam, hogy emberekkel szeretnék foglalkozni. Vonzott a pénzügyi tanácsadás világa, elvégeztem a független biztosításközvetítői és a független pénzügyi tanácsadói képzéseket is.

Közben folyamatosan éreztem, hogy szeretném megismerni a lélek működését, a nem tudatos oldalunkat is. Számos tanfolyamon vettem részt, és egyre jobban érdekelt a téma.

Így jutottam el a parapszichológiához, ahol professzor dr. Kovács Józsefnek nagyon sokat köszönhetek. Ő nagyon bölcs, rendkívül magabiztos, és hihetetlen tudás birtokában van. Három éven keresztül jártam hozzá a Kirko Ezoterikus Szabadegyetemre, és tanultam parapszichológiát, transzperszonális pszichológiát, és rengeteg mindenben felnyitotta a szememet. Nagyon mélyen megváltozott az életem. Rájöttem, hogy eddig csak éltem, ám most már tudatosan élek.

Elvégeztem a pszichológiai mentor, a családsegítő konzulens és a személyi és életvezetési tanácsadó OKJ-s képzéseket és nagyon sokat tanultam és fejlődtem, az elméleti dolgok mellett rengeteg gyakorlati tudásra tettem szert.

A parapszichológia tanulása kapcsán az asztrológiát is elsajátítottam, és az asztrológiából jött az ötlet, hogy szeretném ezt még mélyebben megtanulni, így jött a karma asztrológia, majd a kínai asztrológia. A karma asztrológia kapcsán jöttem rá sok nagyon fontos dologra, ami talán a legfontosabb lehet egy ember életében: mi a kötelező életfeladatom, mi az életfeladatom, mik azok a feladatok, amikért én leszülettem, és mik azok a dolgok az életemben, melyeket az előző életeimből hoztam. Kaptam egy akkora kulcsot, hogy kezdett számomra teljesen összeállni a kép – bár most is azt érzem, hogy még mindig nem tudok mindent, és folyamatosan újat és újat akarok tanulni, szívom magamba szivacsként az információt. Tényleg úgy gondolom, hogy akkor tudok a legprecízebben segíteni, ha mindenben profi szinten vagyok.

A feladatom mindenképpen az, hogy az emberek szolgálatába állítsam azt a tudást, amivel rendelkezem, amit előző életeimből hoztam, és amit ebben az életemben megtanultam a különböző nehézségeim kapcsán. Ezen kívül az, hogy menjek ki a nagyvilág elé, és ne csak a közvetlen környezetemnek szolgáljak információval, hanem egy hatalmas embertömeg számára.

2004 óta folyamatosan képzem magam. 2008 óta napról napra foglalkozom emberekkel, különböző – mind racionális, mind spirituális – oldalon keresem velük együtt az ő megoldásaikat, valamint kérdéseikre a válaszokat, ami egyéni konzultációk, előadások formájában történik.

Nem biztos, hogy mindenkivel személyesen fogok tudni találkozni, aki ezt a könyvet elolvassa, de bízom benne, hogy sokan találnak számukra hasznos tapasztalásokat, információkat, melyekkel a saját életükben kapnak ösztönzést, megoldásokat, és jutnak felismerésekre.

AZ ELSŐ CSALÓDÁSOM

Már magzati korom is illúzió volt. Vígan cseperedtem édesanyám hasában, és a család nagyon várta – főleg édesapám – a fiúgyermek érkezését, melyről a kórházban a vizsgálatok során többször is biztosították. Sokszor elmondták, hogy fiúgyermekként fogok a világra jönni. Azzal, hogy egy őszi napon a vidéki kórházban megláttam a napvilágot, máris megtörtént az első csalódás, amit embereknek okoztam – konkrétan édesapámnak. Ő fiút szeretett volna, én lányként születtem meg. Innentől fogva – mondhatnám így is – már létem értelmetlennek tűnik, hisz' vártak valakit, és nem azt a valakit kapták. Gondolhatja a csöppség, hogy ebben a pillanatban már nem is érdemes tovább küzdeni, fel kell adni, mert már most csalódást okozott, és akkor mi lesz az élete többi részében. Akkor még nem voltam öntudatra ébredve, fogalmam se volt erről az egészről.

Azóta azonban rengeteget tanultam, nagyon sok képzést elvégeztem, sok mindennek utánajártam, és rájöttem arra, és megtudtam azt, hogy mennyire nagyon fontos, hogy visszamenjünk egy adott helyzet, stressz, egy szituáció kapcsán egészen a kezdetekhez. Ha visszamegyünk a kezdetekhez, a megszületés, a magzati kor pillanataihoz, akkor annak is kell legyen egy előzménye. Mivel nagyon fontos számomra a miértek kutatása és minden apró részletnek a megtalálása, ezért kezdtem el a karma asztrológiával is foglalkozni, ami még mélyebbre vezetett. Ahogy haladtam életemben az időben előre, úgy haladtam a spirituális fejlődésem és tanulmányaim során egyre hátrébb az időben, a megszületésem előtti időszakra, a két életem közötti időszakra, majd az előző életeim időszakára. Mindezt azért, hogy megtudjam, mi, miért történt. Hogy tudjam érezni és felismerni, hogy édesapám nekem nem ártani akart azzal, hogy fiút akart. Ezt beszéltük meg, mielőtt leszülettem. Hibáztathatnám én őt egész életemben, és életem félresiklásáért okolhatnám édesapámat, hogy igen, ő volt a hibás, mert ő fiút várt, de én lány lettem, és onnantól nekem már lehetőségem nem volt. Ez egy fájdalomcsillapító, ha azt mondom, hogy ő volt a hibás. Nem is tudom, kinek a fájdalmát csillapítja, talán csak a felelősséget tudom önmagamról lesöpörni: én mindent megtettem, nem tehetek róla, mivel eleve úgy születtem, hogy lány vagyok, és fiúnak kellett volna lennem.

Beláttam, megtanultam, ennek utánajártam, és bizonyossá vált bennem, hogy ezt mi előre megbeszéltük. Édesapámnak ez volt a feladata, hogy ő fiúnak várjon engem, én ezt előre kértem tőle, és megállapodtunk benne. Pontosan azért, hogy fejlesszen engem, hogy már az első pillanatban, amikor kinyitottam a szemem, ezt kelljen éreznem: a benne rejlő tanítás, hogy ne más emberektől tegyem függővé önmagamat. Ez a legnagyobb hiba, amit elkövethet bárki, hogy más emberektől teszi függővé önmagát, a saját értékeit mások véleménye, reakciója alapján határozza meg. Valamint azt is be kellett lássam, hogy ez főként édesapám csalódása, akinek szintén szüksége volt erre az érzésre a saját fejlődése kapcsán, hogy ne a külső dolgok alapján ítéljen.

Nagyon sok kliensem van, akikkel együtt szembesülünk azzal, hogy mástól várják a boldogságot, a megoldást, az elismerést. Az emberek hajlamosak mástól várni pozitívat és negatívat. Negatívat, hogy hibáztathassanak valakit, a pozitívat azért, hogy többnek érezhessék magukat. De ha én csak mások véleményétől, elvárástól teszem függővé az életemet, akkor nem az én életemet élem, hanem annak a másiknak az életét. Legyen ez egy család, egy párkapcsolat, egy munkahely, vagy bármi más. Ilyenkor a másik elvárása szerint a másik életét élem. De nem azért születünk le erre a földre, hogy mi más emberek életét éljük. Mi vagyunk a főszereplők, a saját, önmagunk életét kell élnünk, és mindenki más csak egy szereplő, egy mellékszereplő. Szabad akaratunk dönti el, hogy mi alapján fut a történet, mert mindig van választásunk arra, hogy eldöntsük, hogyan reagáljuk le azt az adott eseményt. Ha negatívan reagálunk, az is egy választás, de ezzel senki másnak nem okozunk fájdalmat – természetesen a körülöttünk élőknek, akik szeretnek minket, nekik fájdalmat okozunk, ha látják, hogy nem jól választottunk –, leginkább saját magunknak.

Ez egy nagyon fontos dolog. Minden helyzetben a lényeg a megélés, hogy én miként reagálok rá. Nem szeretem a *probléma* szót, sohasem szerettem, mert a problémához az agy automatikusan negatív reakciókat társít. Ha problémám van, másoknak engem sajnálni kell. Ha problémám van, sajnálom önmagam. De ha megoldást szeretnék, ha ki szeretnék lépni ebből, ha változtatni akarok, akkor feladatként kell tekintenem, és a feladatra az agy automatikusan reagál. Feladat van: meg kell oldani, lehet sikert elérni. Probléma van: vége mindennek, biztos a kudarc. Egyetlen szó használata, megválasztása rengeteget jelent az ember életében. Minden mindennel összefügg, és ezt kell tudni megérteni, elfogadni. A felelősséget mindig saját magunknak kell viselni, akár nehéz, akár könnyű, akár szép, akár szörnyű. Mert mindig minden azért történik, hogy fejlesszen minket. Tényleg, sokszor nagyon-nagyon nehéz, de muszáj, mert nem tudunk mást tenni. Azaz tudunk, csak értelmetlen, mert akkor ugyanezzel a feladattal újra és újra szembesülnünk kell. A mostani életünk során, ha nem végezzük el ma, akkor el kell végeznünk később, vagy következő életeink során: ez egy ördögi kör lesz, amiből nem tudunk kikerülni, mert tapasztaljuk, hogy újra és újra ugyanazokba a hibákba esünk. De mindennek pontosan az a megoldása, hogy csak meg kell találnunk a közös nevezőt. A közös nevező mindig magunk vagyunk. Amin változtatni kell, nem a külvilág; magunkat kell változtatni, fejleszteni, nekünk kell megtalálni azokat a használandó szavakat, amelyek minket motiválnak és előrevisznek. Minden nappal pontosan egy napot kapunk arra, hogy újrapróbáljuk.

Nem azt mondom, hogy nincsenek és nem is jönnek problémák. Dehogynem! Folyamatosan jönnek, ám ezeket feladatnak nevezzük mostantól. Káosz, szenvedés és a múlt. Előjönnek a múlt negatívumai, amik rányomják a bélyegüket a jelenünkre. Ha hagyjuk ezt, és nem rázzuk meg magunkat, nem kezdünk el a jelenben változtatni, akkor a jövőnk is ugyanaz lesz, mint a mostani jelenünk, ahol éppen a múltunkon szenvedünk és rágódunk. Így soha nem fogunk tudni előrejutni. Soha nem késő. Mindig kapunk egy új napot halálunk pillanatáig arra, hogy újrakezdhessük és változtathassunk. Ez csak rajtunk áll, senki máson, ez a szabad akarat törvénye. Én döntöm el, hogy mit teszek. Én döntöm el, hogy hogyan állok hozzá. Én döntöm el, hogy hogyan élem meg. Velem is történnek negatív dolgok, én is kétségbe tudok esni. Emberből vagyok, minden emberi érzéssel rendelkezem. Az idő nem mindegy: fél évre vagy egy évre süppedek bele valamibe, vagy már csak egy napig szenvedek rajta, megrázom magam, és megyek tovább. Az egyetlen dolog, amit ha elveszünk mástól vagy önmagunktól, soha többé nem tudjuk visszaadni: az IDŐ. Nem engedhetjük meg magunknak azt a luxust, mert mindenki okkal született le erre a földre. Igenis van választás, mindig van. Sajnos a félelmeink a legnagyobb akadályok az életünkben. Mindenki életében ezek a legnagyobb akadályok. Önmagunkat akadályozzuk a saját félelmeink által. Sok esetben a félelmeink még meg nem határozható, meg nem történt dologtól való szorongások. Előre elképzelünk az agyunkkal egy szituációt, hogy az hogy fog zajlani, és nem cselekszünk az irányába, mert félünk attól, hogy az úgy fog történni: vagy van rá egy múltbeli tapasztalatunk, vagy láttuk valakinél, vagy láttunk ilyet, vagy egyszerűen csak elképzeljük, hogy az úgy lesz.

De ahogy el tudjuk képzelni, hogy ennek negatív kimenetele lesz, úgy el tudjuk képzelni azt is, hogy pozitív kimenetele lesz. Ugyanannyi ideig tart. Amíg a félelem erősebb, mint a tettvágy, az akarat, vagy a célunk, addig nyilván nem fogunk lépni, nem fogunk változtatni, csak a komfortzónánkon belül. Az viszont újra és újra szenvedésekkel teli napokat eredményez.

A KÉTSÉG, ÉS AZ ISMÉTLŐDŐ NEGATÍVUMOK

A kétség mindig egy önmagunkból feljövő érzés. Egy olyan érzés, ami belülről, bennünk van, ami belőlünk tör fel. Sok esetben külső tényezők, külső személyek erősítik a kétség érzését – mert pont az a feladatuk, hogy ezt tegyék. Ezt úgy kell elképzelni, hogy én azt mondom magamról, bennem már nincsen semmi kétség, én már pontosan tudom, járom az utam, és mindenben azt teszem, ami belülről jön. Elégedett vagyok, és úgy gondolom, van egy jövőkép, ami felé haladok, egy olyan cél, amit el fogok tudni érni, és erről az útról engem senki sem tud eltántorítani. Ezt mondom. Mivel ezt mondogatom, minél többször mondogatom, ez azt jelenti, hogy magamat próbálom meggyőzni erről. Ha a környezetemnek is mondom, közben sem a környezetemet, hanem magamat próbálom meggyőzni, hogy igen, ez így van. Ilyenkor – mint amikor az iskolába járunk – folyamatosan kapjuk az információt, és valahogy vissza kell ellenőrizni, hogy ez az információ átjött-e. Jönnek a dolgozatok. Amikor van egy dolgozat, arra kapunk egy jegyet. A dolgozat felméri azt, hogy milyen tudással rendelkezünk, vagy mit sikerült nekünk abból az addig megtanult, átadott információhalmazból magunkévá tenni, megjegyezni.

Ugyanígy működik – így gondolom – az életben is. Jönnek az információk, kapjuk a tudást, a feladatokat, melyekre mutatja a sors, a környezetünk, mint tanárok, a megoldást. Amikor azt érezzük, hogy „na jó, én már mindent tudok", akkor jön a dolgozat. Általában olyan esemény formájában, hogy egy számunkra nagyon fontos személy vagy dolog esetében újra felmerülhet egy kétség bennünk. Valaki olyat tesz, vagy úgy alakul egy körülmény, hogy ezek hatására újra előjön a kétség. Ha újra elő tud jönni a kétség – amíg újra elő tud jönni –, addig nincs egység. Akkor csak egy látens egység, amiben haladunk, egy illúzió, amit követünk, mert közben tudatosan próbáljuk elhitetni magunkkal és a külvilággal azt, hogy mi tudatosak vagyunk és haladunk, de közben belül, a tudatalattinkban egy teljesen másik program fut, amire nagyon fontos, hogy jöjjenek ezek a felismerések ellenőrzés formájában. Megtörténik az ellenőrzés, megtörténik a szituáció. A szituációra való reakciónk a dolgozatunk eredménye. Ha ott a reakciónk egy újabb, vagy az eredeti kétség felerősödése, akkor újra neki kell mennünk, újra haladnunk kell rajta, valamit változtatnunk kell. Mert hiába érezzük és gondoljuk, hogy minden rendben van; ha így lenne, akkor nem tudna abból semmi kizökkenteni. Tehát ott akkor van még van olyan rész, amivel nekünk feladatunk van. Akkor újra elindul a tanulás, újra jönnek a feladatok, újra elmondjuk, akár elhitetjük saját magunkkal, a külvilággal, hogy most aztán jól csináljuk, minden rendben van. Újraterveztük, megértettük a leckét, rendben. És újra jön a dolgozat. Addig és addig, amíg nem a számunkra megtanulandó a reakciónk.

Időnként azzal keres meg engem valaki – és magamon is tapasztaltam –, hogy újra és újra ugyanazon szituációkba kerül. *Miért van az, hogy velem mindig ez és az történik? Nekem mindig ilyen párt ad a sors? Nekem mindig így alakul a kapcsolatom. Nekem mindig így alakul a munkám. Miért van ez?*

Azt kell megnézni első körben, hogy ki az, aki minden egyes eseményben, minden egyes szituációban vagy kapcsolatban jelen van Az mindig te magad vagy. Tehát ez azt jelenti, hogy ha te ugyanazt kapod A-tól, B-től, C-től, de mindig te vagy az, aki kapja, akkor valószínűleg nálad van szükség valaminek a változtatására, és leckeként, mint kisebb dolgozatok, megérkeznek ezek az emberek. Megérkezik A (megírtam a dolgozatot, elbuktam rajta). Megérkezik B (újraírtam a dolgozatot, még mindig nem tudom). Megérkezik C (újraírtam a dolgozatot, még mindig nem tudom). Addig kell ezt változtatni, amíg oda nem jutok, hogy megérkezik E, F vagy bárki, vagy bármilyen szituáció, és ott megtörténik a felismerés, megfelelő lesz a reakcióm, és sikerül fejlődnöm. Mert attól a pillanattól kezdve, hogy számomra az már nem feladat, többet nem fogja visszaadni a sors, többet nem fogja visszaadni az élet. Mert fejlődni születtünk erre a fizikai inkarnációra, ide a Földre. A fejlődésünk lényege nem az, hogy akkor „Jaj, drága kicsikém!" – mondja az Egy, a Nagy, a Valaki, a Jóisten, nevezhetjük bárhogy – „Én már nem foglak téged tovább kínozni, mert látom, hogy mennyire szenvedsz. Akkor jól van, engedem, most majd minden rendben lesz." De nem! Mert nem ez a feladat.

Tekintsük úgy, hogy az a nagy VALAMI, az a nagy ENERGIA, az a VALAKI, amit, akit minden vallás, hit, meggyőződés másnak nevez – a nagy Egy –, tekintsük úgy, hogy ő az édesanya példánkban, és mindannyian az ő gyermekei vagyunk. Ha édesanyaként én azt mondom a gyermekemnek, hogy tanuljuk meg a szorzótáblát, mert az fontos lesz számodra a későbbiekben minden egyes szituációban – ha egy boltban fizetsz, ha ki kell fizetned a villanyszámlát, a közös költséget vagy bármit. A szorzás minden szempontból fontos lesz valamilyen szinten az életedben. Meg kell tanulnunk, függetlenül attól, hogy még azért is fontos, mert az iskolarendszerben ezt számon kérik. Tanuljuk meg a szorzást. Úgy tűnik, hogy nagyon jól tudja a gyerek, visszakérdezzük – semmit nem tud belőle. Újra nekimegyünk másik taktikával, lassabban, visszafelé haladva, bármilyen más módszerrel. Úgy tűnik, hogy tudja – megint ellenőrizzük, megint nem. Ilyenkor szoktuk megkérdezni, hogy ilyenkor hol van az a Valaki, miért nem segít rajtunk, miért nem segíti a mi életünket, miért csak azért van, hogy mi szenvedjük, nos, akkor harmadjára, ha ilyenkor én lennék a „jóságos" anyuka – mert sokszor úgy gondoljuk, hogy ez lenne a feladata a jóságos anyukának –, ezt mondanám: „Jól van, kicsim! Akkor tegyük félre a szorzást! Nem sikerült semmi, de ügyes voltál.".
Onnantól fogva el fogja hinni a gyerek, hogy *igen, én tudom a szorzást, én ügyes vagyok*. Utána belemegy számtalan olyan szituációba az életében, amikor újra szükséges lesz a szorzás, és ő elbukik. Akkor azt fogja mondani, hogy „Jaj, az én anyukám anno miért nem tanította meg a szorzást rendesen, vagy miért hagyott engem elsiklani harmadjára a szorzás fölött, és miért mondta nekem azt, hogy én ezt nagyon jól tudom, amikor egy sokkal nagyobb, nehezebb, sokkal erőteljesebb szituációban,

ami az életemre sokkal nagyobb hatást gyakorol, a nem-tudás miatt el kellett, hogy bukjak?".

A felelősség mindig kizárólag saját magunké. A közös nevező mindig saját magunk vagyunk. Egyetlen ember tud változtatni a saját sorsán. Mutogathat bárkire és bármire, és nevezheti magát a körülmények áldozatának, de a körülményeket is mi magunk teremtjük. A szabad akaratunk szerint döntünk. Minden egyes szituáció, ami szenvedést, negatív érzést, bármit, ami számunkra rossz, okoz, az nincs megoldva, az még egy feladat, amit meg kell oldanunk. Ha megoldottuk, abban a pillanatban egy örömpillanatot okoz. Mert a boldogság is csak pillanatok kérdése, mindig minden egyetlen pillanat. Nem létezik olyan, hogy valaki folyamatosan boldog, folyamatosan örül, vagy folyamatosan rosszkedvű. Pillanatok. Sok jó pillanat okoz egyben egy nagyobb pozitív életérzést.

Jönnek ezek a pillanatok. Azokban a pillanatokban, amikor negatív érzés jön fel, akkor azzal még feladat és dolog van. Ha pozitív az érzés, akkor ott készen vagyok. Ez nem azt jelenti, hogy azt onnantól elfelejtem és nem foglalkozom vele, hanem minden egyes újabb szituációra készen leszek, továbbmehetek, és már nem csak szorozni fogok, hanem többismeretlenes egyenleteket megoldani, ahol a szorzás alapművelet lesz.

Így lehet ezt könnyen megérteni, azt gondolom. Onnantól fogva, ha leül az ember és azt mondja, hogy „jaj, Istenem", vagy „jaj, Univerzum" – vagy mindegy, hogyan hívjuk –, miért nem segítesz engem, be kell látnunk, hogy pont ezzel segít minket. Ő attól az a jóságos valaki, hogy abban a szituációban újra és újra nem enged át minket, újra és újra ugyanazokat vagy hasonló pofonokat kapunk, hogy valamit még változtassunk, valamit még tanuljunk meg, fejlődjünk, és akkor majd a nagyobb szituációnál – amikor nem csak egy dolgozat, hanem az év végi felmérés jön – már jól tudjunk szerepelni. Akkor már továbbmehetünk a következő osztályba.

Innentől akkor teljesen átalakul az ember gondolkodása. Én nagyon sokat kutattam, tanultam ebben a témában, és így jutottam arra, hogy ezeknek a dolgoknak, ezeknek a szituációknak, ezeknek az embereknek hálásnak kell lenni. Meg kell nekik köszönni, a nagy Egynek is meg kell köszönni, hogy ezekbe a helyzetekbe újra és újra belekevert. Mert ezeknek az a célzata, hogy megtanuljam azt a leckét. Ha megtanultam, akkor többé nem lesz vele dolgom. Onnantól fogva az már egy alap, és jöhet egy még nagyobb fejlettséget igénylő lecke. Mert ez egy életen át tartó tanulás.

SZERELEM VAGY SZERETET?

Csak bántott és bántott, szavai, mint megannyi éles kés szúródtak sebzett szívembe. Már nem is beszélünk, eltávolodott, én pedig értetlenül nézek magam elé.

Az a hatalmasan fénylő és ragyogó nő, aki mellette a kezdetekkor lettem, most porszemmé zsugorodott össze. Hogy teheti ezt velem, hogy hagyhat magamra, hogy képes bezárni magát annyira, hogy még engem is kizárjon, aki eleinte a mindent jelentettem számára? Mit rontottam el, ő mit rontott el, ki a hibás? Mint a nyári zápor hirtelensége, zúdulnak rám a kérdések. Nem hagyhatom, nem engedhetem, vissza kell hogy kapjam! Nem kizárólag őt akarom visszakapni, hanem azt a valakit, aki mellette voltam, akivel együtt bármire képesek lehetünk! Csak azt a hatalmas energiát, ami felszabadult kettőnk által, a kapcsolódásunk által, elkezdtük egymás ellen fordítani észrevétlenül, és ami a legnagyobb teremtésre képes, a legnagyobb pusztítást okozta. Elfáradtam, tehetetlen vagyok, és ettől a legkétségbeesettebb. Vajon gondol rám? Vajon ő is azt érzi, amit én? Vajon ő sem tud nélkülem létezni? Várom a válaszokat, de csend van, már azt sem tudom, honnan várom a válaszokat, mert tőle akarom tudni, de ő nem válaszol.

Miért vett tőlem el minden reményt? Miért vette tőlem el azt, amit ő adott nekem; amitől azt éreztem, hogy végre vagyok valaki? Miért emelt fel engem oly magasra, hogy onnan ennyire nagyot tudjak esni? Talán azért, hogy lássam, mennyire magasan tudok lenni, hogy lássam, mekkora értékek vannak bennem, és hogy lássam végre valódi önmagamat. Nem azt a valakit, akit a többiek, a múlt porba tiportak. Miért tőle várom mindezt? Hisz' ott van mindez bennem! Magamat kell újra oda felemelnem, hogy aztán ő csatlakozhasson! Most már tudom, nem várhatom tőle, mert ami kívülről jön számomra, azt bármikor el is tudják venni! Nem az a megoldás, hogy őt kergetem, magamat kell visszakapnom és magamat kell ugyanúgy látnom, ahogy ő látott engem az elején, ahogy én láttam őt az elején. Magamat kell ugyanúgy szeretnem, ahogy őt tudom szeretni, és ahogy tőle vártam, hogy szeressen. Mert erre tanított ő: emlékezni... emlékezni arra, aki lehetek!

Az életembe is érkeztek nagy szerelmek. Rengeteg negatív körülménnyel, nehézséggel tarkítva. Most, hogy visszagondolok arra az időszakra, teljesen máshogy értékelem a megszerzett tudásom és tapasztalataim alapján azokat a dolgokat, amiket átéltem, megtettem, végigkínlódtam, megéltem abban az időszakban.

Itt merült fel bennem leginkább az, amit szeretnék megosztani mindenkivel; hogy mekkora különbség van a szerelem és a szeretet között. A szerelem esetében általában önmagunkat szeretjük igazán, mert a szerelmünket akarjuk magunk mellett tudni, hogy ő velünk legyen. Azt érezzük, hogy csak ő tud minket feltölteni, őt akarjuk. Féltékenyek vagyunk, és nem szeretnénk, hogy ő mással legyen, máshova menjen, máshol érezze jól magát.

Végül is kinek akarunk jót leginkább? Saját magunknak. Teljesen eltekintünk attól, hogy a másik számára mi a jó. Mi őt szeretjük szerelemmel, és pontosan tudjuk, hogy neki az a jó, ha velünk lehet. Hallani sem akarunk arról, hogy esetleg lehet olyan program, helyzet az életében, amikor ő máshogy dönt, nem úgy, ahogy mi azt elvárjuk tőle. Nem velünk szeretné tölteni az adott pillanatot. Úgy gondoljuk, hogy az az igaz szerelem, ha minden egyes pillanatot velünk akar tölteni.

Ilyenkor jönnek a nagy csalódások. Elkezdjük keresni a hibát a másikban. Talán ebben sem olyan, abban sem olyan... de ezek mind-mind azért vannak, mert saját magunkat akarjuk nagyon erősen szeretni, és mindezt egy másik emberre próbáljuk „rányomni". A másik embertől tesszük függővé önmagunk szeretetét.

A szerelem esetében saját magunkat szeretjük annyira erősen, hogy nem tudjuk a másik embert elengedni, nem tudjuk szabadjára engedni, nem engedjük a szabad döntésében. Míg a szeretet esetén a másik embert szeretjük feltételek nélkül. Elfogadjuk a hibáit, elfogadjuk azokat a dolgokat, hogy neki van önálló élete és volt előttünk is élete, lehetősége lenne arra, hogy még utánunk is legyen élete, bármilyen hihetetlenül is hangzik. Egyszerűen csak szeretjük őt, a lényét, amilyen ő. Nem akarjuk megváltoztatni. Nem akarjuk rákényszeríteni olyan dolgokra, amire ő nem képes, mert például nem áll azon a fejlettségi szinten, vagy teljesen más feladattal él ebben az életben, mint amit mi elvárnánk tőle. Csak szeretjük, úgy, ahogyan van.

Akkor képes az ember az igazi és feltétel nélküli szeretetre, ha előtte igazán és feltétel nélkül megszereti önmagát. *Ha önmagadat mindennél jobban tudod szeretni és elfogadni a hibáiddal együtt, a rossz döntésekkel, a kudarcokkal, mindennel együtt, akkor bárkit képes vagy szeretni az ő hibáival és kudarcaival együtt.* Mert hibátlan és kudarcmentes élet nem létezik, hibátlan ember nincsen.

Minden egyes személy az életünkben egy lecke: lehet, hogy a sírig tartó lecke, és utolsó szívdobbanásig vele tudunk lenni, de lehet, hogy csak egy időszakra.

Tehát a legfontosabb dolgunk, hogy önmagunkat kezdjük el minél jobban megszeretni és elfogadni. Abban a pillanatban sikerülni fog a másik embert is szeretni. Az igaz szeretet sokkal hosszabb és sokkal mélyebb, mint a szerelem.

A szerelem általában egy fellángolás. Ahogy fellángol, pillanatok alatt leég és hamuvá változik. A szeretet pedig egy folyamatosan, szépen lassan égő tűz, ami sosem alszik ki.

AZ EGYEDÜLLÉT NEM MAGÁNY

Vannak, akik mástól teszik függővé az életüket. Nagyon sokan összekeverik a szükségletet a vágyakkal. Úgy gondolják, hogy csak akkor tudnak életben maradni, akkor tud működni az életük, akkor tudnak jó munkahelyen dolgozni, akkor tudnak mindent jól, ha egy társ van mellettük, ha ott van mellettük egy pár. Mert egyedül magányosak. De az egyedüllétnek nem kell egyenlőnek lennie a magánnyal. Az életben maradáshoz elengedhetetlen szükségletek az étel, az ital, az anyagcsere, a levegővétel – mert ha nincs levegővétel, nem tudok életben maradni. De ha nincs mellettem társ, nincs párom, attól még életben tudok maradni. Az emberek nagy része hajlamos belekeseredni ebbe, önmagát sajnálni, bántani önmagát, akár önromboló dolgokat tenni azért, mert nincs párja, nincs társa.

Nyilvánvaló, az ember társas lény, és vágyunk egy társra. De ez vágy, nem szükséglet – ne keverjük össze! Attól, hogy nincsen társad, párod, még nem kell magányosnak lenned, és nem kell tönkretenned azt, amit előtte felépítettél – ha egyáltalán felépítettél. Nagyon-nagyon fontos, hogy most, amikor egyedül vagy, illetve társas magányban élsz, nézz a tükörbe és kérdezd meg magadtól: a te mostani éned lehet-e valaki vágya. Vagy fordítva: te vágynál-e magadra, a mostani énedre, mint tökéletes párra? Ha a válaszod *nem*, akkor neked is rá kell jönnöd arra, hogy magadat kell fejleszteni, önmagadat kell szeretni. Magadtól kell függővé tenni a saját boldogságot, és nem mástól, másoktól.

Miképp várod, várhatod el mástól, hogy szeressen, ha te nem vagy képes önmagadat szeretni? Hiába jönne most egy társ, egy pár az életedbe, ideig-óráig lehet, hogy jó lenne, aztán társas magányban élhetnél, vagy veszekedések közepette. Ha valami hiányzik belőlünk és azt mástól várjuk, a pár ilyenkor tükröt tart nekünk és felnagyítja azokat a hiányosságokat, amiket nem változtattunk át magunkban pozitívra, nem emeltük meg magunkban, nem fejlesztettük magunkban. És a kép fájdalmas tud lenni.

Nem az a megoldás, hogy keresek egy másikat, aki engem boldoggá tud tenni. Ha azt érzed, hogy készen vagy, ha azt érzed, hogy nem a másik feled keresed (két fél együtt egy egész, de külön csak egy-egy fél), hanem a valódi társad keresed, aki a TE EGÉSZ önmagad mellé EGÉSZ ÖNMAGA-ként tud csatlakozni, akkor meg fog érkezni. Addig a feladatod, hogy magadat tedd egésszé.

SZEREPEK A PÁRKAPCSOLATBAN

Az alap, ősi felfogás szerint a nő, az igazi nő a háttér, aki támogatja energetikailag a szeretetével, gondoskodásával, odafigyelésével a férfit, aki ezáltal fizikálisan tud teremteni a család részére. Ez a modell - azzal, hogy a nők kivívták egyenjogúságukat - teljesen felborult.

A nő feladata az volt a régi időkben, hogy otthon biztonságot, boldogságot, nyugalmat, kedvességet, gondoskodást, finom ételt biztosítson a férfiak és a gyermekek részére, míg a férfi feladata az volt, hogy kiment, elkapta, hazahúzta a mamutot, amit a nő étellé tudott alakítani. Abban a pillanatban, amikor ez megváltozott, felborultak némileg a szerepek is. De az alapprogram a kollektív tudatban - tehát mindenki kollektív tudatalattijában - ugyanúgy fut. Fut egy program, amire manifesztálva lettünk. A férfi kint, a „harcmezőkön" teremti az energiát, az anyagit (most a pénzt), és a nő otthon, védelemben gondoskodik, szeretetet ad, hátteret biztosít. Ahogy a mondás tartja: minden sikeres férfi mögött ott áll egy erős nő. Ez nagyon fontos energetikailag is. Mivel ez felborult, azért nem működnek a mostani kapcsolatok rendesen.

Sok esetben energetikailag két férfi él egymással. Hiába nőként született le az a nő, közben férfienergiát hordozva megy, és teremti a családnak a pénzt. De közben belülről ott ketyeg a tudatalatti program, hogy neki gondoskodni is kell, szeretetet is kell nyújtani. Eközben a férfi szintén megy, teremt sok esetben (bízzunk benne), de a nő nem tud teljes erőbedobással arra fókuszálni, hogy az otthoni hátteret biztosítsa, azt a nyugalmat, energiát, amit nőként kéne, hogy biztosítson. Ezáltal borul össze a rendszer, és így mennek tönkre a kapcsolatok, valamint emiatt van az, hogy minden harmadik házasság válással végződik; a szerepek nincsenek a helyükön.

A régi időkben is eljártak a nők „hobbi-szinten" tollfosztóba, ami szintén munkaként tekinthető. De leginkább azért, mert beszélgettek, pletykáltak, elvoltak. De a nők soha nem avatkoztak a férfiak üzleti dolgaiba. Ez így volt helyénvaló, és most is annak kellene lennie, mert ez a tudatalatti program. A mostani kapcsolatoknál sokszor ez teljesen máshogy működik. Ezáltal a férfinál megbomlik az egyensúly: az anyagiak szempontjából nem tud igazán férfi lenni, és nem tudja sem a nőt, sem a családot maga mögé ültetni, karon fogni, és vinni az életben. Ennek oka, hogy nem érzi a biztonságát, nem érzi otthon azt, amit neki kapnia kellene. Ilyenkor mit csinál? Elindul kifelé, és más Vénusztól, más Nőtől szeretné megkapni azt, amit a nő energetikailag arra fordít, hogy pénzt teremtsen, a fizikai világban ő legyen a sikeres, karrierje legyen. Felborul az egész. Ezt kell igazából teljesen helyre tenni.

Nekem olyan agyam van már kiskorom óta, hogy ha meghallok egy szabályt, szabályrendszert, abban a pillanatban a „kiskapu" is bevillan. Nem létezik olyan, ember által alkotott szabály, szabályrendszer, aminek ne lenne valamilyen kiskapuja. Ez nem azt jelenti, hogy csalni kell bármiben is. Vannak az asztrológiában, a pszichológiában, nagyon sok tudományban olyan helyzetek, amiket analógiákkal – nevezzük kiskapuknak – ki lehet védeni.

Egyértelmű és nyilvánvaló számomra, hogy amikor leszületünk, majd végigéljük az életünket, az egy előre gondosan megtervezett folyamat. Minden találkozás és helyzet egy terv része. Az élete maga az iskola. A rajtunk kívülálló szereplők – családtagok, barátok, munkatársak, ellenségek – a tanítók, tanárok az iskolában, és mi vagyunk a tanulók. Mindig az a kérdés, hogy az adott vizsgákon, a találkozásokon hogy szerepelünk, hol tartunk a tanulási folyamatban. Hány szigorú és hány kedves tanítóra van még szükség ahhoz, hogy az igazi leckét megtanuljuk.

Nagyon fontos, hogy az ember, amikor már egy kicsit érzi, hogy valami nem stimmel, akkor kezdjen el segítséget kérni, mert sokkal könnyebb egy kisebb volumenű negatív hatású helyzetet helyretenni, mint egy régóta húzódó, sokkal súlyosabb, egymásra épülő probléma-, egymásra épülő negatívumhalmazt. De mind a kettő lehetséges, csak az nem mindegy, hogy hány alkalom és mennyi idő szükséges mindehhez. Ha 10 év szenvedés után keresel fel egy segítőt, nem fog egy csettintésre tudni segíteni, mert nem a Harry Potter és nincs varázspálcája. 10 év szenvedés után nyilván hosszabb idő szükséges ahhoz, hogy újra minden a helyére kerüljön, mint egy év, vagy egy hónap szenvedés után.

Ha teljesen rendben érzi valaki a párkapcsolatát, akkor ott abban nincs szükség változásra. Akkor kell a segítség, a változtatás, ha valami nem működik, ahol érzékelhető a párkapcsolatban a nehézség, a korlát.

PÁRKAPCSOLATOK AZ ÉLETEMBEN

A párkapcsolatokat tekintve egy olyan felismerés született bennem – és azóta ezt hirdetem az emberek felé –, hogy nem szabad elfecsérelni a drága időt. Nem bölcs dolog veszekedésre pazarolni. Nem kellene hagyni, hogy szellemek legyünk egymás életében, mert olyan kevés időt töltünk együtt. Pont amiatt, mert az időnk véges. Rendben van, hogy dolgozni kell, meg kell teremteni a pénzt a vágyainkhoz, álmainkhoz, de ez semmit nem ér, ha közben elveszítjük azt, akit szeretünk, aki a legfontosabb a számunkra. Most kell együtt élni, szeretni, és nem egy feltételezett távoli jövőben. Aki félve szeret, az nem szeret teljesen.

Azt mondom mindenkinek: engedd meg magadnak, hogy korlátok nélkül szeress, méghozzá most; nem holnap, hanem most. Csak egyszerűen át kell gondolni a prioritásokat, hogy mi, vagy ki az igazán fontos. Egyikünk sem tudhatja, hogy meddig él. Mindegy, mennyire vigyázunk az egészségünkre, mennyire érezzük jól magunkat, bármikor történhet valami olyan, amire nem számítunk.

Igazából ez a felismerés nekem abból jött, hogy párkapcsolataim alatt, a párkapcsolataim által mindig ugyanoda jutottam: megismerkedtem valakivel, és a vége szinte forgatókönyv-szerűen mindig ugyanaz lett.

Megjelent az első fiú az életemben, nagyon nagy szerelemnek ígérkezett. Gyönyörű szép barna szem, számomra nagyon mélyen meghatő tekintet, beleláttam a lelkébe, éreztem azt, hogy talán ő lehet az a valaki, ő lehet az az igaz, a minden, a számomra a tökéletes személy. Valahogy mindig hiányzott valami. Soha nem jött el az a pillanat, amikor is mi egy párt tudunk alkotni, úgy igazán. Együtt voltunk, de mégsem. Tehát mindig vártunk egy jövőbeli jóra, mindig az hajtott engem belülről, hogy nekem mindent meg kell tennem, nekem alá kell rendelődnöm, nekem mindent azért kell tennem, hogy majd egyszer nagyon jó legyen nekünk, úgy igazán együtt. Hajtott minket a munka, a siker, a karrier. Én jobbra, ő balra. Találkoztunk. Volt közösen töltött idő, de mégis, mindig hiányzott valami, és mindig azt vártam, hogy majd az a valami egyszer el fog jönni, amikor egy kicsit megnyugszunk, amikor majd egy kicsit hátradőlünk, amikor már úgy minden készen lesz hozzá. Aztán sosem lett készen hozzá. Miközben várakoztam, várakoztam, egyre inkább úgy éreztem, hogy magányosodom el ebben a kapcsolatban; hogy nem érzem, hogy nincs az a plusz, vagy nem jön az a plusz. Csak vártam, vártam, vártam, de nem érkezett meg. Ezért jött egy másik. Általában ilyenkor az ember azt a „hibát" követi el, hogy ha nem működik az egyikkel, akkor majd jön egy másik, és akkor majd vele tökéletesíteni tudom azokat a dolgokat, amiket – úgy gondolom – nem tudtam rendesen megélni, amit én nem kaphattam vissza, hogy én nem úgy tudtam ezt átélni, ahogy kellett volna. Ezt majd egy másik kapcsolattal, egy másik, egy jobb, egy sokkal jobb emberrel, egy másik férfivel majd meg tudom, és én ki tudom hozni belőle azt az igazán jót, amire nekem szükségem van. De nincs jó vagy rossz ember, csak ember van. Hibákkal, álmokkal, gyarlósággal, értékekkel, érzésekkel, vágyakkal. Senki sem jó vagy rossz, egyszerűen csak ember.

Megérkezett ez a másik kapcsolat az életembe. Azt gondoltam, hogy minden szuper, és igen, és az, ami eddig hiányzott, az most őbenne ott van. És egyszer csak azt vettem észre, hogy most teljesen más dolgok hiányoznak. Most az hiányzik, ami az előzőben megvolt, amit hiányoltam az előzőből, azt pedig megtaláltam ebben. Ilyenkor jön az, hogy egy reggel felébredsz és azt érzed, hogy minden jó, de hiányzik valami.

Ilyenkor kell egy számvetés; ki kell zárni a régi dolgokat, ki kell zárni azokat a dolgokat, amik lehúznak – akár a negatív, panaszkodó embereket –, és koncentrálni kell az újra, a pozitívumra, valami irigylésre méltóra. Ez mind-mind felemel minket. Azt gondoltam, hogy nem kell ragaszkodni a problémákhoz, hogy nyugalom fog jönni. De közben tudtam és éreztem, és belülről ott volt a késztetés, hogy a mában kell élnem, élveznem kell az életet. Mindennap úgy kell élnem, mintha az lenne az utolsó.

Ebben a kapcsolatban jött az első olyan pillanat az életemben, amikor is megérkezett a betegség, amire nem gondoltam. 20 éves koromig én úgy gondoltam, hogy nekem soha nem lehet semmi bajom, hogy én mindig egészséges maradok. Velem minden rendben lesz, én bármit megtehetek, én bárhogy kínozhatom a testem, akkor is mindig egészséges leszek. Igazából csak az idős embereknek jönnek egészségügyi problémái, nekem biztos, hogy nem. Megérkezett a betegség. Ahogy a főiskoláról próbáltam kifelé sétálni, egyszer csak összeestem. Onnantól fogva megindult a kálvária, onnantól fogva kerestük és kutattuk a miértet és eltörpült az a dolog az életemben, hogy a párkapcsolat nem is úgy működik, vagy nem is olyan, amit én szerettem volna.

És jött a harmadik fontos párkapcsolat az életemben, aki azért a legfontosabb mind közül, mert vele a legnagyobb csodát sikerült létrehozni, aki nem más, mint a kislányom. A kapcsolat a tőlem megszokott módon indult: már túl sok volt a hiányzó a meglévő kapcsolatban, és úgy gondoltam, ennél sokkal több, jobb, ami egy párkapcsolatból kihozható. Aztán megláttam őt. Erősnek tűnt és mérhetetlenül határozottnak, valamint teljesen elérhetetlennek. Úgy gondoltam, hogy most jött el az én időm, és a tökéletes párkapcsolatot sikerül végre megélnem. És valóban jól érzékeltem, hogy több nagyszerű dolgot tudunk ketten megvalósítani, de inkább üzlettársként – és időnként riválisként – éltünk egymással. A legtöbb idő az egzisztencia megteremtésére ment el. Hajtottunk reggeltől estig, mellette gyermekünk született, és időközben sajnos édesapám agyvérzése kapcsán arra lettem figyelmes, hogy egyszerre vagyok anya, testvér, barát, gondviselő, segítő, üzletasszony, társ, minden. De közben a mindennapok rengetegében eltűnt minden varázs. Sajnos azt kellett megtapasztalnom, hogy aki ezer százalékot belesz a munkájába, sikerébe, a karrierjébe, ott a többi ember irányából pillanatok alatt megjelenik az irigység, a kihasználás, a vádaskodás és sok-sok gyarló tulajdonság. Megjelentek az álbarátok, akik rajtunk keresztül próbáltak felkapaszkodni és közben tönkretették tetteikkel, amit felépítettünk és szó nélkül kisétáltak, mert soha nem vállalták a felelősséget – azt mind ránk hagyták, talán azért, hogy jól „emlékezzünk" rájuk. Megjelentek a kollégák, akik irigységük és lustaságuk révén a mi tönkretételünkben és meghurcolásunkban látták a megoldást a saját „becsületük" megóvására. Eközben a párkapcsolat teljesen megszűnt létezni, és szétválással végződött. De ezek a dolgok mind kellettek ahhoz – úgy gondolom, sőt most már tudom –, hogy az az ember legyek, aki most vagyok. Mindenki tanított valamit, és minden egyes kudarc, minden egyes „csőd" és kín hozzáadott egy keveset a személyiségemhez. Egyre inkább tudom, hogy nem az számít, hogy ki mit mond, illetve gondol rólam. Az inkább a másik embert jellemzi és nem engem. Tudom, hogy egy végtelenül megosztó személyiség vagyok, és legfőképpen azért, mert ahhoz az illúziókkal és álomvilággal tarkított gondolkodáshoz, amit képviselni tudok, egy nagyon erős és céltudatos viselkedés és megjelenés társul. Mert így működik ez. Az édesanya mintája és jellemének másolása adja a gyermek lelkületét, és az édesapa a gyermek szellemét, gondolkodását. Bennem a két teljesen ellentétes szülőm két egymástól a végletekig különböző, harcoló energiában jelenik meg. Ezt nehéz kezelni, de lehetetlen nem létezik.

Főként ennek a folytonos belső „harcnak" és bizonytalanságnak, valamint maximalista hozzáállásomnak köszönhetően jött a betegség, amely új és új helyekre vezetett el. Sok helyen jártam, nagyon sok mindent megtanultam. Mindig is bennem volt, és mindenhol, minden oldalról azt próbálták közvetíteni, hogy a negatív gondolat az, amiből minden következik.

Néha gondolkodom azon, hogy miből fakad egy negatív gondolat, miért jön ilyen? Hiszen tudatos életét élve minden ember tisztában van vele, hogy a pozitív gondolatok visznek előre, a negatívak megrekesztenek egy szinten vagy lehet, hogy lejjebb csúsztatnak, mélyebbre, mint a gondolat előtti idők. De mégis csak jönnek, előbújnak valahonnan, és továbbgondolkodásra késztetnek minket. Talán ezek is részei kellenek, hogy legyenek az életünknek? Mint ahogy az sem biztos, hogy ha süt a nap, közben nem eshet az eső. De az sem kizárt, hogy eső közben bújik elő a napsugár. De miért gondoljuk tovább? Vajon azért, hogy magunkat bántsuk? Miért nem lehet ez olyan természetes reakció, mint hogy amikor fázunk, felöltözünk? Ha örülünk, önkéntelenül elmosolyodunk? Bár néha örömünkben is sírunk. Mint a napsütésben az eső.

Nehéz erre megfejtést találni. Megerőszakolhatjuk kattogó agyunkat, hogy ne a negatív felé vigyen, de hogyha ez erőszak, az már hogyan is lehetne pozitív? Lehetne az egyik kulcs az érzés-mentes élet. Ha nem érzünk, akkor nincs lehetősége annak, hogy negatív érzéseink legyenek – ám pozitívak sem lesznek. Egyáltalán, az érzés eltűnik az életünkből. Úgy gondolom, én erre képtelen volnék. Azt gondolom, képtelenség életnek hívni, ahol nincsen érzés.

De akkor hol a megoldás? Arra jutottam, hogy megoldás lehet, hogy ha szokásként vesszük fel a pozitív gondolkodást, magát a pozitívumot. Egy szokás kialakításához 21 nap szükséges. Ez egy bizonyított dolog. 21 napig mindennap próbálok mindig pozitív dologra gondolni. Ennek van egy olyan egyszerű módszere, amit én alkalmazni szoktam mind a klienseimnél, mind saját magamnál is, és nagyon jól működik. Sok visszajelzés van erről. Első lépésként fogni kell egy füzetet. Ez lesz a mi saját pozitivitás-szótárunk. Mint egy szótárfüzet, ahol a magyar nyelv gyönyörű szavait idegen szavakkal helyettesítjük a szótárfüzetünkben.

Mindennap egy kis időre, egy pár percre, amikor ráérünk, kinyitjuk a szótárfüzetünket, a pozitivitás-szótárunkat, és beleírjuk azokat a szavakat, mondatokat, amiket negatívnak érzékelünk, amit mások mondtak nekünk, vagy ami saját magunknak eszünkbe jutott. A gondolataink – akár egy pici pillanatra is – elkezdtek ezekkel foglalkozni.

Azután, mint ahogy szótárazunk, átváltoztatjuk, átírjuk ennek a pozitív megfelelőjévé. Például ha a negatív oldalra bekerül az, hogy „nekem úgysem fog sikerülni", akkor a pozitív oldalon átírjuk. Mindenképpen nagyon fontos alapszabály, hogy a „nem"-et, a „nincs"-et és a jövőidőt soha nem alkalmazzuk a pozitivitás-oldalon. Tehát a pozitivitás oldalra odaírjuk, hogy „nekem sikerült". Mindig vagy múltidőben, vagy jelenidőben gondolunk erre a dologra, amit el szeretnénk érni.

Azután ha például a negativitás-oldalra az kerül, hogy „te nem vagy elég jó" – ezt mondta nekem valaki –, akkor én átírom a pozitivitás-oldalra, hogy „pontosan jó vagyok", „tökéletesen jó vagyok", „elég jó vagyok", „még jobb is vagyok", és hasonlók. Ha ezt 21 napig csinálom – vagy csinálja valaki –, akkor azt fogja észrevenni, hogy az agya elkezdi helyettesíteni önmagától; ha más nem, csak felfigyel arra a pillanatra, hogy már megint jött egy negatív dolog. Gyorsan ki kell szótárazni, át kell fordítani. Mintha hirtelen elmennénk „pozitivitás-országba", és pozitivitás-országban nem értik a negatív kifejezéseket. Nekik ott az az idegen nyelv. Pozitivitás-országban csak pozitív szavakkal lehet kommunikálni, és pozitív szavakból pozitív mondatokat lehet alkotni, csak azt fogják megérteni tőlünk. Ha valamit nem tudunk, vagy valami nem jut eszünkbe, elő tudjuk venni a pozitivitás-szótárunkat és meg tudjuk benne keresni azt, ami a pozitív megfelelője.

Én is elkezdtem ezzel foglalkozni, de aztán azt vettem észre, hogy vannak olyan helyzetek, amikor nem látjuk jól a dolgokat. Telnek a napok, a hónapok, az évek, de mindig csak arra leszünk figyelmesek, hogy ha jól átgondoljuk, mindenben van két közös. Egy: én magam, a másik pedig a hiszékenységem, a naivitásom, a hozzáállásom, a szemellenzős, védekező személy, aki azt érzi, hihet egy másiknak, aki valahogy mindig ott terem, mindig jelen van, amikor valami rossz dolog van, amikor keveredés van, amikor káosz van, amikor probléma van. Ilyenkor rá kell jönni arra, hogy magunk vagyunk a hibásak; azért, mert hittünk neki. Nem ő – ő csak kihasználta ezt, hisz' emberből van. Tehát a megoldás mindig az, hogy segítsünk magunkon, hogy próbáljunk meg nem annyira hiszékenyek lenni és magunkban bízni. Néha még ez is nehéz, de ha megszokjuk, akkor megtanuljuk a leckét: saját magunk vagyunk a legerősebb támaszai saját magunknak, csak ezt nagyon-nagyon nehéz elhinni és alkalmazni.

Amikor jönnek kívülről azok az ártó energiák, amik próbálják mondjuk tönkretenni az én-képet, próbálják tönkretenni az adott kapcsolatot – és általában nagy sikerrel működnek is –, olyankor én azt szoktam javasolni magamnak is, másoknak is, hogy mindig csak olyan embertől kérjünk vagy fogadjunk el tanácsot, aki legalább azon a szinten, vagy egy kicsit feljebb tart abban a dologban, amit mi elérni szeretnénk. Ez lehet egy párkapcsolat, lehet egy munka, lehet egy vállalkozás, lehet a gyereknevelés, vagy bármire rá lehet húzni (főzésre, takarításra), bármire. Csak olyantól és csak olyantól, aki ebben benne van, abban a szituációban benne van, amiben mi benne vagyunk, vagy legalább úgy – vagy jobban – csinálja annak a megoldását, mint ahogy mi arra vágyunk. Ezektől az emberektől szabad tanácsot elfogadni.

Általában sokszor jönnek olyan tanácsok az életünkben, amik kéretlenek, amiket nem is kérünk, csak egyszerűen mesélünk valakinek, egy hozzánk közel állónak valamiről, és ő megpróbálja elmondani nekünk, hogy ez miért nem tud működni. Mivel minden tükör, mindenki tükör, mindenki a belsőnk tükörképe, azért kapjuk ilyenkor ezeket az információkat, mert nagyon könnyű hinni abban az időszakban, amikor minden jól megy. A hit igazi próbája az, amikor káosz van, amikor a káoszban is látni és hinni tudjuk a majdani pozitív jövőt. Ezek a szituációk, ezek a mondatok, ezek a szavak nagyon mélyre tudnak hatni, és ezek próbálnak elbizonytalanítani minket. Ez egy vizsga, egy próbatétel: ha kiálljuk a próbát és nem tud elbizonytalanítani, akkor már működhet és mehet.

De hogy engednének valamit szuperül, jól működni, hogyha egy apró dolog, egy apró mondat egy teljesen irreleváns személytől el tud bizonytalanítani? Akkor még nem vagyunk készen arra, hogy azt a dolgot mi tökéletesen működtessük.

Párkapcsolati téren nálam nagyon sokszor előjött az, hogy inkább nem szóltam, hagytam, hogy bántsanak, hogy megaláztam önmagam, annyira vágytam a szeretetre, annyira vágytam rá, hogy ami szinte semmit nem ért, ami nem tett boldoggá, azt is hagytam, azt sem akartam elveszíteni. De közben elveszítettem önmagam. Torz tükör volt minden és mindenki az életben, és nem akartam elfogadni a tükörképet. Kapaszkodtam olyan emberekbe, akik lábtörlőnek használtak, vagy még annak sem. A szívem-lelkem kitettem értük. Nem hogy hála nem volt, amint megfordultam, hátba szúrtak. Sőt, még meg sem kellett fordulnom, mert szemtől szemben is megtörtént.

Megfogalmaztam magamnak azt, hogy ne nézzek hátra, csak előre. Nem lehet meg nem történtté tenni a dolgokat, de újra nem is kell elkövetni a hibákat. Igaz, gyönyörűen tartja a mondás: Ami nem öl meg, az megerősít. Csak azokkal érdemes foglalkozni, akiknek fontosak vagyunk, akik tisztelnek, a többit pedig gyorsan el kell engedni, mert ott egyetlen vesztes lesz, és azok mi vagyunk. Mi vagyunk, aki igazán veszíthetünk.

Újra félre kellett vonulnom, újra át kellett gondolnom a kapcsolataimat. Újra át kellett gondolnom azt, hogy akarok-e egy olyan párkapcsolatban élni, ahol nem érzem a megbecsülést, és nem érzem azt, hogy nő vagyok. Ha nem tudok felnézni arra a férfira, számomra ő nem tud igazi férfi lenni. Ez nem az ő hiányossága, nem az ő nehézsége, nem az ő megélése, mindig a saját megélésünk.

Három hosszú kapcsolatból állt a teljes párkapcsolati repertoárom, ahol is mindenhol azt fedeztem fel, hogy valami nem jó, valami hiányzik, valami nem egészen tökéletes.

Asztrológiai szempontból most már pontosan tudom, hogy az én Napom a Szűz jegyben helyezkedik el, és nekem papírom van arról, hogy én ilyen legyek. Ez a Szűz jegy középső szintje, ahol is az igazi, nagyon nagy kritikus vagyok: önmagammal, másokkal szemben, a Napommal, azzal a férfival, akivel az életemet kívánom leélni. Tehát egyszerűen soha nem érzem azt a pozitívumot, valamit mindig hiányoltam, főként a férfiakkal kapcsolatban.

Én vallom azt, hogy nagyon fontos, hogy osszunk szeretetet. Mindennap. Picit, ha valakinek pici kell, sokat, ha valakinek sok kell. Mindig adni, adni, adni. Nem kell félni, mert nem fog elfogyni a szív. Az az egy, ami nem fogy el. Sőt, ha kiadod, sokszorosan visszakapod. Lehet, hogy mástól és máshonnan, de visszatér, és a visszatérés még nagyobb lendületet, erőt és lelkesedést ad, hogy tovább folytasd, hogy ideje újra tiszta lappal nekiindulni a napnak, és újra csak szeretni és szeretni.

Vívhatod a harcaidat, ami majd lassan felemészt – senki mást, csak téged, saját magadat. Vagy megéled a jelent, a napot, a pillanatot, ami majd hozza a holnapot, és oldja, magyarázza a tegnapot. Annyira könnyű, hogy igazából ez a nehéz benne. A ma a tegnap holnapja, az egység. Minden a ma. Nem kell múlt, sem jövő, és akkor lesz türelem. Akkor minden meglesz, ami igazán kell. Az ott, akkor a boldogság maga. A boldogság egy állapot. A boldogság pici, apró örömpillanatoknak az összevetülése, összevegyülése. Nincs következmény, nincs félelem, nincs negatív, csak az akkor és ott. Csak a megélés.

Most már rájöttem: soha nem az a megoldás, hogy mást kell keresni. A legeslegnehezebb megoldás magunkat arra a szintre fölépíteni, hogy szeretni tudjuk önmagunkat. Mert hogy is várhatnánk el, hogy mások szeretni tudjanak, ha önmagunkat képtelen vagyunk elfogadni, szeretni? Aztán szeretni kell magunkkal lenni. Csak magunkkal, senki más külső tényező nem kell hozzá. Magunkkal lenni! Kedvelnünk kell a saját társaságunkat. Amikor a tükör elé állunk, azt kell tudnunk mondani, hogy igen, én egy olyan személy vagyok, aki lehet másnak a vágya. Én egy olyan személy vagyok, akivel igenis jó a kapcsolat, és ha én lennék a másik fél, én szeretnék magammal lenni, szeretnék magammal időt tölteni. Szeretném magammal leélni az életemet.

Mert mindig egyedül vagyunk. Hiába van egy párunk, hiába van családunk, egyedül fekszünk le. Hiába fekszik mellettünk valaki egy ágyban, a gondolatainkkal, az érzéseinkkel teljesen egyedül maradunk. Behunyjuk a szemünket alvásra készen, és jönnek, előtörnek, és ott magunk számolunk el saját magunkkal. Senki más nem hallja. Senki más nem látja és nem érzi át ezt. Ott magunknak kell tudni saját magunkkal megbeszélni azt, hogy mi az, amit úgy gondolunk és értékelünk, hogy jól csinálunk, és mi az, amit kevésbé. Mi az, amin változtatni kellene. Ez egy nagyon fontos dolog. Mert ott nincs más, ott tényleg csak mi vagyunk.

Haragudhatunk bárkire, a világra, de mindig minden történés és mindig minden körülmény belőlünk fakad. Hazudhatunk is önmagunknak, hogy minden jó.

Én azt szoktam mondani, hogy minden jó, ha jó a vége. Ha nem jó, még nincsen vége. Amíg még nem jó, addig még lehet tenni érte, addig még lehet változtatni, lehet javítani. A leggyönyörűbb az egészben, hogy mindig kapunk ajándékba egy új és egy új napot, amikor is nekiállhatunk egy picit módosítani, egy picit javítani azon a remekművön, amit úgy hívunk, hogy a saját életünk. Igenis úgy kell ezt végigcsinálni, hogy akárhogyan is és akármi is történik, akkor is, a végső elszámolásnál, az utolsó pillanatban azt mondhatjuk, hogy igen, ez az én remekművem; ez egy remekmű, és nem egy kudarc, nem egy csalódás. Önmagamnak, nem másoknak, az már másodlagos, ezért mások. Az elsődleges az, hogy magamnak milyen, és nem szabad beérni kevesebbel, sosincs késő arra, hogy megtaláljuk azt a párt, azt a társat, aki mellénk tud rendelődni. De csak olyan mellé lehet rendelődni, aki már egész. A fél mellé csak egy másik fél tud érkezni. Akkor érkezik meg az igazi és tökéletes, ha magad vagy igazi és tökéletes. A jó hír, hogy mindenki számára van tökéletes, és mindenkinek más a tökéletes. És működik. És akkor vagy igazán a helyeden, ha a pároddal egy irányba tudtok haladni, ha kölcsönösen tudjátok emelni egymást, és ha megvan köztetek az a fajta belső kötődés, melyet ember – bárhogy is próbálkozik – képtelen szétválasztani, és ha megértek arra, hogy le tudjátok rakni az elvárásokat és a feltételeket. Sokkal nehezebb, mint amilyennek ez itt leírva tűnik, de sok kitartással, türelemmel, önfejlesztéssel sikerülni fog!

A KOMMUNIKÁCIÓ FONTOSSÁGA

Mindig minden helyzet okkal történik az életünkben. Minden tanítani akar valamit. Az ember legfontosabb feladata ebben a földi létben fejleszteni önmagát. Nagyon sok olyan helyzet van, amikor a saját magunk fejlődése nagy áldozatokkal, alázattal, a komfortzónánkból való kilépéssel, néha kínlódással és szenvedéssel jár. A tanítás maga, hogy amíg nem éljük meg a rosszat, nem tudjuk értékelni a jót. Amíg nem tapasztaljuk meg a kínokat, nem tudjuk értékelni a nyugalmunkat. Amíg nem tapasztaljuk meg a betegséget, addig nem tudjuk értékelni az egészséget.

Két ember között – bármilyen kapcsolódásról is legyen szó – a legfontosabb a kommunikáció. A kommunikációnak sokféle módja van, és mindig az a szerepe, hogy a másik felé közvetítjük azt, ami bennünk van. Információt cserélünk, és többnyire akkor hatékony, ha egy helyzet, egy feladat megoldása vele a cél.

Nagyon sok kapcsolat azért fut zátonyra, mert nem működik a két ember közötti kommunikáció. Elmondjuk a barátainknak, a munkatársainknak, megbeszéljük külső személyekkel azokat a helyzeteket, azokat a problémákat, azokat a feladatokat, azokat az „elvárásokat", azokat a minket szomorúvá tevő dolgokat, amiket éppen azzal nem beszélünk meg, akitől várjuk az erre való megoldást és a változást, vagy egyszerűen csak a megértésünket.

Ha szeretnénk, hogy az életünkben egy kapcsolat jól működjön, akkor az mindig a jó és folyamatos kommunikációra épül. Ha felmerül valami, ami zavar minket, amin szeretnénk, hogy változasson a másik, akkor azt a másikkal kell megbeszélni, és nem egy kívülálló harmadik emberrel. Ilyenkor szokták azt mondani nekem, hogy rendben, de vele nem lehet megbeszélni. Nincs olyan ember, akivel nem lehet valamit megbeszélni, csak a tálaláson van a hangsúly. Meg kell tanulni azt a fajta tálalást, amivel úgy fog eljutni ahhoz a másikhoz, hogy azt ő is megértse.

Sokszor sokkal hatékonyabb tud lenni egy rávezető beszélgetés, mintha jól odamondunk a másiknak. Mindkét esetben ugyanazt mondjuk, mindkét esetben azt közvetítem a másik felé, hogy valami nem jó, de sokszor túl erős az, ha odamondjuk. Mert ha valakinek már eleve van egy adott problémája a másikkal – mivel az egy tükör, ahogy erről már többször volt szó –, akkor a másik ember pontosan tudja, hogy neki az egy hiányossága. Ha azt a hiányosságát még erősebben odavágjuk neki, akkor abba ő „beletörhet". Támaszai kell legyünk egymásnak, és nem a „hóhér", de ha szépen, fokozatosan, körülírva és hatékony módszereket alkalmazva tálaljuk, amit szeretnénk, akkor arra a másik is tud válaszreakcióként számunkra kellemes módon reagálni. De amíg a kommunikáció maximum abban merül ki, hogy odaszúrok, addig nem várhatok mást, mint védekezésként visszaszúrást.

Mindig úgy kommunikáljunk, úgy beszélgessünk a másikkal, ahogy mi szeretnénk, hogy egy olyan szituációban, ahol bennünk van egy hiányosság, a másik ember ezt felénk elmondja. Itt mindig azon van a hangsúly, ahogyan. Meg kell beszélni a dolgokat egymással, mert akkor tudunk tovább, magasabb szintekre lépni, fejlődni. Sokan úgy élik az életüket, hogy sok-sok éven keresztül eljátsszák a szerepüket, a kapcsolatot, a szeretetnek a kapcsolatukban betöltött szerepét. Ez nem csak párkapcsolatokra, hanem mindennemű kapcsolatra vonatkozik.

Aztán telik-telik a pohár, és amikor betelik, akkor robbanásszerűen történik meg, aminek nem kellett volna megtörténnie akkor, ha következetesen, már az első kis cseppnél elkezdünk róla beszélni. Azt gondolják sokan, hogy az a könnyebb, ha nem szólunk róla és magunkban tartjuk. Csak közben eltelik az idő és egyre nagyobb lesz a sérelem, az a megoldandó feladat, amivel meg kell birkózni.

Mindenkit arra buzdítok, hogy igenis beszélgessünk egymással, beszéljünk arról – és ne söpörjük a szőnyeg alá –, ami kettőnk között egy gát, egy korlát, vagy egy probléma. El kell tudnunk mondani a másik embernek – hisz' azért tanultunk meg beszélni –, hogy mi az, amire vágyunk, amit szeretnénk.

Teljesen máshogy hangzik, ha átbeszéljük és elmondjuk a vágyainkat, mint ha odavágjuk: „de miért nem teszed ezt vagy azt?".
Sokszor úgy várunk el emberektől dolgokat, hogy ők arra képtelenek. Nem azért, mert nem akarják, mert nem szeretnek minket, vagy nekik nem lenne jó, ha harmóniában működne a kapcsolat, hanem egyszerűen azért, mert ők más típusú emberek. Ha valaki például lábak nélkül született, akkor hiába várjuk el tőle, hogy sétálja át velünk a várost. Nem azért nem fogja megtenni, mert nem akarja, vagy mert nem szeret minket annyira, hanem azért nem fogja, mert nincs rá lehetősége. Ennek oka, hogy az eszköztárban, amit hozott magával, nincs benne, amit mi várunk tőle. Ez egy nagyon erős példa, de azt szemlélteti, hogy gyakran úgy várunk el valakitől olyasmit, ami számunkra a tökéletesség lenne, ami nagyon jó lenne, hogy az a másik ember azokkal a tulajdonságokkal, adottságokkal nem rendelkezik. Ilyenkor vagy elfogadjuk ezt és megpróbálunk azonosulni vele, megpróbáljuk letenni ezeket az elvárásokat, vagy pedig azt mondjuk, hogy akkor még mindig nem találtam meg azt a valakit, akivel meg tudjuk érteni egymást, aki megadja azt, amire vágyom, aki számomra a megfelelő.

A kislányom szokta mindig azt mondani nekem, hogy mindenkinek megvan a saját „kupakja". Amíg más „kupakokat" próbálunk ráerőszakolni saját magunkra azért, mert azt gondoljuk, hogy valamiért kívülről ez kötelező, vagy mert valamilyen félelmünk erősebb (mondjuk félünk az egyedülléttől, a magánytól, a veszteségtől, a csalódástól), addig mindig csak egy bennünk futó folyamatos elégedetlenség lesz úrrá rajtunk. Ennek következtében egy idő után így is, úgy is véget fog érni az a kapcsolódás.

Vannak dolgok, amiket nem lehet megváltoztatni. Ez nem azt jelenti, hogy amiben van egy pici eltérés, azt már el kell dobni magunktól. De amikor teljesen mást tud nyújtani a másik ember, mint amire mi vágyunk, amire nekünk szükségünk van, ami minket emel, akkor ő nagyon nem a mi „kupakunk". Ez leginkább a párkapcsolatra értendő.

A cél mindenképpen az, hogy a fókuszt oda tudjuk helyezni, ami számunkra megfelelő motivációt kiváltó cél. De ez csak akkor tud működni, ha közben belülről harmóniában vagyunk, ha nem érzünk egy folyamatos elégedetlenséget. Ha megalkuszunk helyzetekkel, akkor ott marad az a folyamatos elégedetlenség, ami aztán újra és újra még nagyobb elégedetlenségeket fog szülni, és az már rombol.

Mindig azt kell nézni, hogy abban a pillanatban, időszakban, amióta az az ismeretség tart, jobban érezzük-e magunkat, vagy rosszabbul. Ha netán rosszabbul, akkor ezután mögé kell nézni, hogy vajon ez azért van-e, mert éppen egy nagy fejlődés előtt állunk, és soha nem kellemes és kényelmes kilépni egy már megszokott komfortunkból, vagy esetleg tanító jellegű-e ez a kapcsolódás; illetve azért, mert nem szabadna tovább erőltetnünk azt a kapcsolatot. Lehet, hogy azért érezzük rosszul magunkat, mert több energiát fektetünk bele, mint amit visszakapunk, és nem tudunk ezzel azonosulni. Ez azért van, mert ha azt érezzük, hogy nekünk az nem jó, és egyre inkább nem jó, akkor bárkivel is fogunk beszélni, a külvilág is abban fog megerősíteni, hogy nekünk az nem jó, hiszen ezt akarjuk hallani. Mi is tudjuk, de ha kívülről halljuk, akkor az sokkal erősebben hat, de változtatni nem tudunk rajta. Sokszor a fő oka, hogy nem is akarunk.

Azt kell látni, hogy minden ember megpróbálja a maximumot nyújtani egy kapcsolódásban, és ha az a maximum, amit a másik ember nyújtani tud, nekünk nem elég vagy nagyon kevés, mert teljesen más jellegűek az elképzeléseink, akkor ezt lehet húzni nagyon sokáig, csak nincs értelme.

Beszélgessünk egymással! Beszéjük meg a dolgokat és derüljön ki minél előbb, hogy aztán tudjuk, hogy mi a helyes lépés, a helyes döntés.

A JELENSÉG, AVAGY NEM MINDEN AZ, AMINEK LÁTSZIK

Egy ügyfelem első mondata arra, hogy „belemászok" a tudatalattijába, az volt, hogy akkor gratulálni szeretne nekem, mert most találkozhattam az első olyan emberrel, akinek ilyenje nincs. Neki csak tudatos énje van, neki nem létezik tudatalattija.

Úgy éreztem, hogy nagyon jó alany, és tökéletesen alkalmas arra, hogy ha tényleg változásokat szeretne az életében, akkor az eddigi hatalmas tudásanyagomat, amivel rendelkezem, rajta pompásan „tesztelni" tudom.

Eddig mindig olyan emberek kerestek fel, akiknek volt valamilyen gondjuk, döntés előtt álltak. Mindenképpen szerettek volna változtatni valamit, felismerték, hogy valami nem jól működik.

Ő volt az első olyan, aki azt mondta, valóban nem jól működik, de nem akar változtatni. Már sok mindent megpróbált, de semmi sem vezetett eredményre, és szerinte nem is abban van a kulcs, hogy neki kellene bármit másképp csinálni.

Futott egy olyan program, ami nála az elakadást hozta, amit aztán közösen megfejtettünk és megtaláltuk, ez honnan ered. Eljutottunk oda, hogy elhiszi, van tudatalattija, működik. Sokszor attól félt, hogy ha ő csak a jó oldalát mutatja az emberek felé, akkor ezzel hazudik. Sőt, ha bármit is megmutat a jó oldalából, akkor az szintén hazugság. Kiemelte, megerősítette magában azokat a sötét, negatív aspektusokat, amiket úgy gondolt, hogy ki kell emelni a világ felé ahhoz, hogy ő egy őszinte ember legyen, valamint egy maszkot is felvett annak érdekében, hogy véletlenül se legyen betekintés az ő jó tulajdonságaiba, mert azáltal már sebezhető lesz. De ennek nem ez a lényege. Nagyon sok esetben nem az a lényeg, hogy kitoljuk a negatívumot, csak azt emeljük ki magunkról, ami negatív, valamint még hozzá is rakjunk plusz negatívumokat, és így legyünk őszinte emberek, hanem pontosan azokat kell megkeresni, amik bennünk a kis csodák, a kis tökéletességek. Ezeket kell kitolni a nyilvánosság felé. Aki méltó rá, hogy megismerje a sötét oldalunkat is, az már az az ember, aki közel kerül hozzánk. Nem kell a nyilvánosságnak a mi sötét oldalainkat ilyen szinten ismerni. Esetleg megismerhetik, ha már méltók rá, de először ismerjék meg a jó oldalainkat.

Ez volt az egyik elakadás, ezért volt, hogy ügyfelem még saját magával szemben is teljesen mást kommunikált, mint amit ő belülről igazán szeretett volna. Erős félelmei voltak a csalódástól, a veszteségtől, valaki elvesztésétől, a szerelemtől, a szeretettől, a mély érzésektől – azért kommunikálta kifelé ezt, mert úgy gondolta, hogy ezzel ő meg tudja magát védeni. Mert ha olyanért bántanak, amilyen nem vagyok, akkor azzal nem engem bántanak, hanem a szerepet, ami jócskán több olyan résszel van fűszerezve, ami köszönőviszonyban nincs az igazi önmagammal. Ez egy védekezési mechanizmus volt a részéről, így semmilyen bántást nem kellett magára vennie.

Még dolgozom vele, és szépen haladunk. Nagyon örülök, mert újra bebizonyította számomra a kínai asztrológia, a karma asztrológia, a parapszichológia és maga a pszichológia, hogy működik, működnek.

Ügyfelem teljes kielemzése és a közös munka során arra jutottam, hogy benne három különböző személyiségjegy, ami meghatározóan fut. Három különböző módon láttatja magát a külvilág felé. Erre meg is találtuk azokat az okokat, amikhez visszavezethető ez a személyiség, ami mutatja, hogy ezen energiák, minőségek birtokában született le a Földre.

A jelenség egyik pillére, ahol ő maga a showman, aki csinálja a show-t, aki nevettet, szórakoztat. Persze meg kell érteni az ő humorát. Egy bizonyos műveltségi szinten – nem összekeverendő a végzettséggel – kell lenni, hogy megértse az ember. Nagyon szórakoztató, igazi egyéniségként tud nagyon sokakat megnevettetni és az emberek szájára mosolyt csalni.

A másik pillére az ő személyiségének az a férfi, aki szeretné megkapni azt a fajta minőséget, ahol a vágy kerül előtérbe; az érzékiség, a szenvedély, a mélyről előtörő, ösztönös szexualitás kap főszerepet. Olyan minőséget keres, ahol az egymás iránti felkeltett izgalmak, a kémia működése során feltörő igazi, minden tabut és félelmet, önbizalomhiányt elsöprő, vad, szenvedélyes szexualitás dominál. Ezt az énjét próbálja megmutatni azok felé, akik erre befogadók, és akiknek szintén szükségük van egy ilyen minőség átélésére, megélésére. Persze itt sem az igazi vágyait közvetíti, mert itt is működik a védekezés.

Van egy harmadik pillér: a hősszerelmes, a kifinomult, a régi korokat tükröző, hódító, apró lépésekkel haladó, mindent kibontó, rózsabimbóból óriás rózsacsokrot teremtő, mélyen megélt szerelem – és abból egy tökéletes, feltétel nélküli szeretet kialakítása, ami végigkísér egész életén az utolsó szívdobbanásig.

Ahogy ez a „három én" keveredik, ezáltal válik ő teljesen kiismerhetetlenné, teljesen megfoghatatlanná, megmagyarázhatatlanná. Folyamatosan kap pozitív és negatív visszajelzéseket, függően attól, hogy éppen ki milyen véleménnyel van, és éppen ki melyik személyiségjegy, cél előtörését tapasztalja meg nála. Aszerint bírálják őt vagy ösztönzik. Nagyon nagy szerepe van ebben annak is, hogy egy ilyen nagyon őszinte és sokoldalú embernek meg kell próbálnia megfelelni a társadalom elvárásainak, a közvéleménynek, megfelelni a nyilvánosságnak. Ez nagyon nehéz dolog, főleg olyasvalaki számára, aki sok apró részletből tevődik össze. Papírja van róla, hisz' kínai és karma asztrológiai szempontból kimutatható, hogy benne a showman, az örök szerelmes és egy társra vágyó, valamint a buja, szenvedélyes szexualitással ellátott férfi egyszerre „fut".

Mivel nagyok az ellentmondások nála, közben ő egy nagyon őszinte ember próbál maradni, ebből kifolyólag történnek azok az elsiklások, félremagyarázások, amik az ő személyiségét illetően megjelennek a nyilvánosság előtt.

Igen gyakran a külsőségek alapján ítélkezünk, ítélünk meg valakit. Ezzel azt éri el a társadalom, hogy sokan nem merik magukat felvállalni. Sok olyan tehetséges ember van, akikben mélyen ott szunnyad egy igazi kincs, amit ki kéne mutatni, mások számára hozzáférhetővé kéne tenni, de nem merik megtenni, mert félnek a véleményektől. Önbizalomhiány, gátlás, blokk alakul ki náluk. Ennek következtében a hovatartozásuk, a gondolkodásuk, a végzettségeik, vagy bármilyen, szerinte számukra hátrányos dolgok miatt nem merik magukat megmutatni. Rengeteg kincset, értéket veszítünk így.

Azt tudnunk kell, hogy amit másban valaki hiányosságként, negatívumként értékel valaki, az egy saját magában futó megoldatlan program. Amit másban én nem látok megfelelőnek, jónak, amivel szemben kritikus vagyok, ott meg kell állni egy pillanatra, mert meg kell nézni, hogy magamban, belőlem miért is vált ki bármilyen jellegű érzelmet, feszültséget, vagy bármilyen jellegű negatív érzést, mert akkor azzal nekem dolgom van.

Nekem tükröt tart ezáltal a másik személy, a külvilág, hogy ott még valami nálam fut, egy olyan program, blokk, amit én még nem oldottam meg. Ezt nekem meg kell oldanom, ezáltal tudok teljes emberré válni.

Ha bármi zavar másokban, akkor állj meg egy pillanatra és kezdd el keresni azt, hogy hol van az elakadás benned. Ezen túl kell lépni, ezt meg kell oldani, akár segítséggel, akár önállóan – kinek hogy sikerül. Mert úgy tudjuk a teljességet, a teljes életet megélni.

Ahhoz, hogy egy tudatos és jó életet élhessünk ezen a földön, ahhoz nagyon-nagyon fontos, hogy a bennünk futó negatív programok, a bennünk fellelhető akadályok, korlátok törlésre tudjanak kerülni. A cél, hogy helyükre egy teljesen pozitív, életigenlő, önbizalommal teli és tökéletes önértékeléssel, önszeretettel rendelkező személy lépjen, aki bátran meri vállalni a valódi önmagát.

A TÁRSKERESŐK VESZÉLYEI

Abban a szerencsés helyzetben vagyok, hogy betekintést nyerhettem egy ügyfelem társkeresési mechanizmusába. Konkrétan meg tudtam ismerni ügyfelem belső énjét, lelkét pszichológiai teszteken, asztrológiai, parapszichológiai és egyéb módszereken keresztül. Kifejezetten fókuszálva a társkeresőkön tett kísérleteire, megismerhettem a társkeresés, a társkereső applikációk bizonyos nehézségeit, szépségét és vívmányait.

Arra a felfedezésre jutottam, hogy amikor az emberek nagy része társkereső oldalra regisztrál és ezen a felületen nyilvánossá teszi magát, akkor számukra ez egy önigazolás, és az önbizalomnövelés eszközeként tekintenek arra a társkeresőre, nem pedig funkciója szerint használják programot. Ha teljesen racionálisan nézzük: úgy gondoljuk, aki regisztrál egy társkereső oldalra, ezt azért teszi, mert szeretne magának egy társat találni. Nehezen jut el helyekre, sokat dolgozik, vagy kevésbé van ahhoz önbizalma, hogy megjelenjen nyilvánosan. Talán nem tud elég jól kommunikálni, nem tartja magát elég bátornak, személyes kontaktusban annyira megnyerőnek – vagy csak a lehetőségei alapján gondolja úgy, hogy ezt a formát választja a társkereséshez.

A társkeresőknek is több funkciójuk van: egyik oldalról az, hogy társat találjon valaki, másrészt pedig ismerkedés, barátkozás, talán alkalmi kapcsolatok tudnak születni ezeken az oldalakon. Sok olyan párkapcsolat, tartós kapcsolat született már, amik társkereső oldalakon jöttek létre. Véleményem szerint inkább az alkalmi kapcsolatok, az ismerkedés fóruma a társkereső oldal.

Amikor a társkereső oldalon inkább csak az önbizalomnövelés, az önmagunkat kipróbálni vágyás, a kíváncsiság a motiváció, akkor ezzel csalódást okozhatunk a másik személynek, aki ténylegesen egy alkalmi, vagy tartós partnert, vagy egy életre szóló társat keres ezeken az oldalakon.

Nagyon nagy hátránya ezeknek az oldalaknak, hogy számtalan ember számára nem reális képet ad vissza arról, hogy az emberek mennyire nem őszinték, mennyire viselnek álarcot, mennyire más a céljuk, mint amit a funkció el szeretne érni. Ilyenkor óriási csalódások, mély kétségbeesések alakulhatnak ki abban a személyben, aki ténylegesen ott keresi az „igazit". A nagy számok törvénye alapján természetesen össze fog akadni olyanokkal, akik valóban csak az önbizalmukat növelik, vagy a „rajongótáborukat" gyarapítják ezáltal. Csak az egójukat akarják megerősíteni magukban és környezetükben, mert azt tapasztalják, hogy kiválasztottnak tartják őket ezeken az oldalakon.

Ezzel nagyon mély sebeket tudnak okozni olyan emberekben, akik ténylegesen a társukat keresik, mert folyamatosan azt éreztetik velük az elutasítás által, hogy nem elég jók, bennük van a hiba, hogy velük valamiért senki nem szeretne találkozni, egy szinttel előrébb lépni.

A magyarázat nagyrészt abban rejlik, hogy azok az emberek, akik pusztán önbizalomnövelésből, kíváncsiságból vagy tesztelgetésből lépnek be ezekre az oldalakra, ténylegesen nem is keresnek sem partnert, sem társat, sem alkalmi kapcsolatot, tehát nincs igényük kapcsolatra.

Ezzel ellentétben aki valóban keres kapcsolatot – mert úgy gondolja, ezek az oldalak ezért jöttek létre –, folyamatosan kapja a „nem"-eket. Ez elindít bennük egy olyan belső programot, ami szerint: „én nem vagyok elég jó." „Eddig nem mertem személyesen próbálkozni, ezek után még kevésbé fogok, vagy soha nem fogok."

Nagyon is jó tud lenni egy párkereső oldal, applikáció, lehetőség akkor, ha azt tényleg arra használják, amire ki lett találva, amire való. De annyira elmentünk a külsőségek felé, annyira a külsőségek világát éljük, hogy az emberek nagy része nem is kíváncsi a másik belső értékeire. Nagyon sokan ezen módszereket arra használják, amire ez a társkeresési forma nem való. Itt vannak olyan összeütközések, ami inkább negatív érzéseket okoz az emberekben.

Mindig gondoljuk arra, amikor egy ilyen oldalra regisztrálunk, hogy mi azzal, ami a tényleges szándékunk, mit okozunk a másiknak. Ha csak a „like-ok" gyűjtése, akkor vegyük figyelembe:

ha mi lennénk a tényleges társkeresők, nekünk milyen érzés lenne, ha kapnánk a „nem"-eket, pusztán azért, mert a többieknek eszük ágában sincs sem ismerkedni, sem találkozni, sem kapcsolatot teremteni.

A BIZALOM

Kétféle emberi viselkedés létezik tapasztalataim alapján arra, hogy az emberek hogyan kezelik a bizalom kérdését. Az egyik megoldás, hogy senkiben nem bíznak, szépen, apránként engednek belátást az életükbe és engedik, hogy felépüljön az a bizalom bennük, ezek után tudnak megbízni valakiben. A másik, amilyen jómagam is vagyok, hogy mindenkit teljes bizalommal fogadok az életembe, teljes bizalmat szavazok, és ezt a bizalmat lehet elrontani, leépíteni.

Nincs jó vagy rossz, csak különböző viselkedési minta. Igazából minden egyes találkozásunk az életben egy tapasztalás. Valamit fel kell a találkozások által ismernünk, és ha megtudjuk, hogy mi az a dolog, ami számunkra a feladat, mi a lecke benne, mit kell megtapasztalni, azt elfogadnunk – mert nyilván változtatni sok mindenen nem tudunk. Vannak alaptörvények, amelyeken nem lehet változtatni, vannak megtanulandó feladatok, amiket nem lehet kikerülni, és mindenképp meg kell, hogy éljük őket. Ha az megtörténik, akkor utána már nincs rá szükség tovább, már nem szolgálja a fejlődésünket, és akkor többé nem fog az életünkbe lépni.

A bizalom kérdését sokféle szempontból nézhetjük. Sokféle szereplő segítheti ennek fejlődését: párkapcsolatok, baráti kapcsolatok, családi kapcsolatok, és még számtalan kapcsolódási forma. A leginkább azok a személyek tudnak ránk hatást gyakorolni, mélyen megérinteni, akik valamilyen aspektusból fontosak nekünk. Vannak olyan esetek, amikor az egyén nagyon fontos feladata a bizalom megteremtése, melynek első lépése mindenképpen az önmagunkba vetett feltétlen bizalom. Amikor az ember saját magát is bizalmatlanul kezeli, nem működik az önbizalma, akkor elvárhatatlan, hogy másik emberekben tudjon bízni. Ilyenkor alakulnak ki a gyanakvás, kételkedés, féltékenység, sőt az irigység érzései, melyek mind meg tudják nehezíteni és el tudják rontani az emberi kapcsolatokat, hisz' a harmonikus kapcsolódás helyett egy folyamatos félelem jelenik meg. Számtalan technika létezik az önbizalom fejlesztésére. Amennyiben valaki felismeri a fent említett érzéseket, el kell kezdenie az önbizalmát fejleszteni, mert akkor fog tudni másokban is megbízni. Mindig olyan helyzetek, emberek érkeznek az életünkbe, amik, akik a tanítás esszenciáját hordozzák. Ha azt érzed, hogy téged az emberek mindig becsapnak, megcsalnak, átvernek, kihasználnak és hasonlók, akkor azt kell felismerni, hogy a saját magadba vetett bizalmat kell fejleszteni. Ha az megoldásra került, észre fogod venni, hogy már nem lesz szükség a tanításra, ebből következik, hogy nem fognak újra és újra olyan események megtörténni veled, nem fognak olyan személyek megjelenni, amik, illetve akik eddig. Egy sokkal kiegyensúlyozottabb életet tudsz élni, az ehhez kapcsolódó félelmek nélkül.

A FELELŐSSÉG

Sokan, köztük én is, folyamatosan abba a hibába esünk az életünkben, hogy úgy gondoljuk, másokért kell felelősséget vállalnunk: felelősek vagyunk a gyermekünkért, felelősek vagyunk a szüleinkért, felelősek vagyunk a barátainkért – mindenkiért felelősek vagyunk. Adott döntéseink kapcsán mérlegelünk, és a mérlegeléskor figyelünk, hogy olyan döntést tudjunk hozni, ami valamilyen szinten mindenki számára elfogadható és jó. Mindenkire tekintettel próbálunk lenni a döntéseink során. Viszont az egyetlen és legfontosabb megtanulandó ebben a földi életben: minden egyes ember önmagáért felelős! Csak és kizárólag önmagáért! Mindenki ezen a földön! Az a jó döntés, ami a saját javunkat szolgálja, függetlenül attól, teljesen függetlenül attól, hogy azzal a másik léleknek mit okozunk. Az már csak egy következmény, amit aztán tudnunk kell kezelni. De a döntés kapcsán a legfontosabb, hogy feltegyük magunknak a kérdést: minket a döntés eredménye miben és hogyan tud fejleszteni, emelni és szolgálni. Akkor jó a döntés, ha ezt a kérdést feltesszük magunknak, és azt mondjuk, hogy a jó válasz megfogalmazódott: számomra ez a leghatékonyabb és legjobb választás, úgy, hogy ennek kapcsán nem nézek senki mást – ez nagyon önzőn hangzik, de ez nem az önzőséggel egyenlő, ez az ön-szeretet, és nem ugyanaz a kettő. Ezt a kettőt sokszor összekeverjük. Azt gondoljuk, hogy ilyenkor önzők vagyunk. Az ön-szeretet és az önzés között nagyon vékony kis határ húzódik, egy nagyon vékony kis lepel van közöttük. Az ön-szeretet arról szól, hogy szeretem-e magam annyira, hogy a saját életemet fejlesztem, a saját életemet akarom jóvá tenni. Mert attól a pillanattól kezdve, hogy a saját életem működik, onnantól a környezetem életében is tudok segítséget nyújtani, és a környezetem életében is működni fognak a dolgok. Ha így közelítem meg, akkor már nem vagyok önző.

Mielőtt leszületek, arra teszek „fogadalmat", hogy a saját életemben tanulok, a saját dolgaimat oldom meg, a saját helyzeteimet hozom rendbe, a saját szituációmban találom meg a legmegfelelőbb megoldást. Minden másik szereplő csak annak visszatükrözője, hogy éppen hol tartok ebben a folyamatban. Ha erre így tekintek, akkor már működni tud az életem. Mert szenvedhetek én, hogy a másiknak nehogy rossz legyen, de azzal, hogy nekem rossz energetikailag, neki is az, és máris nem jót teszek vele fizikálisan, ahogy gondolom, hanem ugyanazt az érzést közvetítem felé, amit nem kellene, nem szeretnék.

Ha meghozok egy döntést, és 21 napig minden reggel és este fölteszem magamnak a kérdést, és arra a döntésre – egy nagyobb volumenű döntésről beszélek – mindig ugyanazt a választ adom magamnak, függetlenítve minden egyes más személytől és körülménytől, akkor az a jó döntés, az jön belülről, azt tartalmazza a tudatalatti, az az intuíció. Gondolkodás nélkül felteszem a kérdést, és megvan rá a válasz. Akkor a 22. napon megtehetem. Megléphetem. Mert az a fejlődésemet szolgálja.

Minden egyes olyan szituáció, amikor azért nem a saját javamra döntök, mert inkább másokat nézek, csak kifogás azért, hogy a saját felelősségemet félre tudjam tenni, hogy ki tudjak bújni ez alól, és hogy a saját életemet könnyítsem meg, hogy a saját komfortzónámban maradjak. Rávetítem – mondhatni rányomom – ezt másokra.

Nem válok el a gyerek miatt. Nem válok el az anyagiak miatt. Nem váltok munkát, mert a munkatársaimmal mi lesz. Nem cselekszem, pedig már csődben a cégem, mert mi lesz az alkalmazottakkal. Nem költözöm el, mert a gyereket nem viszem el egy új iskolába.

De ha én előre azt írtam meg, hogy nekem ott döntési lehetőségem van, és én másokra hárítom a felelősséget, akkor soha nem fogok előbbre jutni az életemben, és soha nem fogom azt a tanulságot és azt a leckét megtanulni, amiért leszülettem.

GYERMEKEINK, MINT LEGNAGYOBB TANÍTÓINK

A gyermekeink többnyire a legnagyobb tanítóként érkeznek az életünkbe. Jómagam is, amikor megszületett életem kis csodája, a kislányom, egy hatalmas tanítás kezdetét tapasztaltam, és azóta is tart az újabb és újabb leckék sorozata. Sokat fejtegettem, és nagyon sokat kutattam ebben a témában is, és arra jutottam, hogy nagyon sok esetben a gyermekünk sokkal magasabb lelki fejlettségi szinten született le hozzánk, mint ahol mi állunk. Legtöbb esetben maga a gyermek az, aki minket tanít és fejleszt, és nem fordítva, ahogy a fizikai valóságban tűnik.

Nagyon sok mindenre megtanít a gyermek. Megtanítja az alázatot. Megtanítja a lemondás képességét sok mindenről. Átalakítja az életet, a felfogásunkat. Onnantól fogva már máshogy látjuk a dolgokat, mert érzünk egy bizonyos belső, akár mondhatni feszültséget, egy újabb félelmet, hogy meg tudok-e felelni, hogy felelősséggel tartozom iránta, és tudok-e én jó anya lenni, vagy egy apa jó apa lenni a gyermek részére. Ezek nagyon fontos és elgondolkodtató dolgok.

A karma asztrológiában, a kínai asztrológiában, az alap asztrológiában mindenhol létezik a szinasztria. A szinasztria azt jelenti, hogy két ember horoszkópját összehasonlítjuk. Megnézzük, hogy ennek a két élőlénynek milyen kapcsolódási pontjai és közös feladataik vannak, mit tanítanak ők meg egymásnak, milyen leckét hordoz a kettőjük akár egy életre szóló, akár csak egy bizonyos életszakaszra szóló kapcsolódása. Ez valami csoda! Annyira gyönyörűen és szépen látszik, hogy azok a dolgok, akár amiket problémaként – ahogy már említettem, feladatnak szeretem nevezni, de sokan problémának nevezik – feljönnek az életünkben, azok mind-mind megoldandó feladatok. Ezt akkor a gyermekünk tudja, senki más, csak a gyermekünk tudja ezeket a feladatokat előhozni, felhozni a mélyről, hogy igenis kell vele foglalkozni.

Itt előjön az előző életek kérdése is, hogy karma asztrológiai szempontból az előző életünkben milyen kapcsoltunk volt egymással, hogy hol fejeztük azt be. Mert pontosan ott, ahol befejeztük az előző életünket, ahogy akkor, abban a pillanatban álltak a bolygók és a csillagok, ugyanabban az állásban folytatódik, ugyanúgy születünk le. Lehet, hogy máshova, más helyre, de ugyanúgy fog állni minden, ahol abbahagytuk. Onnan folytatjuk, ahol abbahagytuk. Azokat a dolgokat, amiket az előző életünkben félbehagytunk vagy nem teljesítettünk, vagy nem fejlődtünk meg, azt most ebben az életünkben kell megfejlődni és teljesíteni. Ez nagyon-nagyon fontos dolog. Érdemes ismerni ezt, mert mindenképpen A-ból a B-be fogunk eljutni, csak az nem mindegy, hogy kacskaringósan és rengeteg szenvedéssel, vagy sokkal rövidebb idő alatt és nyílegyenesen.

Erre nagyon jó módszereket ismerek magam is, és sok kollégám is. Ezeket érdemes igénybe venni és megnézni, megfigyelni. Nem kell elhinni; ki kell próbálni, ugyanis működik. Tényleg működik, és a garancia az lesz, hogy javulni fog az életünk minősége, és javulni fognak a kapcsolataink, ami igazából szintén minden egyes kapcsolat – a gyerekünkkel vagy bárkivel való kapcsolatunk – mindig a saját, éppen aktuális fejlettségi szintünket tükrözi. Az, hogy nekem milyen a kapcsolatom valakivel, hogy én mit gondolok másról, az mindig engem tükröz, saját magamat mutatja meg számomra. Csak a másik emberben könnyebben észreveszem, ahogy a mondás tartja: „A másik szemében a szálkát, a sajátjában a gerendát sem veszi észre".

Nagyon érdekesek a nagy magyar közmondások, szólások. Hatalmas spirituális és hatalmas tanító tartalommal vannak ellátva. Érdemes odafigyelni: gyönyörű szép a magyar nyelv. A magyar nyelv minden egyes szava – főleg a régen használt szavak, az alapszavak – megmutat mindent, amire egy embernek tudásként szüksége van. Erre már hoztam példát, és fogok is folyamatosan példát hozni a könyv során, hogy minden egyes olyan magyar szónak vagy mondásnak, amit használunk – sokat használunk az életünkben –, hatalmas jelentősége van. Csak egy kicsit máshogy kell nézni. A dolgokat és a történéseket is máshogy kell nézni.

Sokat tanultam éveken át parapszichológiát, transzperszonális pszichológiát, aminek a legfőbb és legalapvetőbb mondanivalója az analógiákban való gondolkodás. Ezt úgy kell elképzelni – akár az asztrológia, akár a parapszichológia, akár a transzperszonális pszichológia, krono-pszichológia szempontjából –, hogy van egy jelzés. Meg tudunk keresni bizonyos módszerekkel egy jelzést. Az a jelzés akár 4-5-6 jelentéstartalommal bírhat. Mint amikor van egy magyar szó, ami egy idegen nyelven többféle jelentéstartalmat hordoz, többféleképpen lehet ugyanazt a szót mondani. Ugyanígy működik itt is.

Innentől kezdődik az egyén, életútjának feladata, ahova rá lehet ezt „húzni". Nem létezik olyan jellegű reális és racionális elemzés, ahol nem ismerem, nem tudok beszélni a klienssel, semmit nem tudok róla, csak kielemzem. Mert a szabad akarata dönti el, hogy sok helyzetben ő melyik utat választja, és a választott út szempontjából a jelentéstartalom a 4-5 jelentésből nem mindegy, hogy melyik. Nem hiszek azokban a fajta elemzésekben, ahol nincs kontaktus akár telefonon, akár bármilyen formában, ahol nem tudok semmit arról a másik egyénről. Mert ha nem tudok róla, nem ismerem az életét, akkor nem tudok neki mindenben segíteni, sőt el tudom vinni egy teljesen más irányba, mint amerre neki most dolga van, illetve lenne.

Úgy tudunk a másiknak segíteni, ha látjuk és tudjuk, elmondja nekünk, hogy ő éppen aktuálisan hogy éli az életét, és ezt általában azzal mondja el, hogy megkeres engem vagy kollégáimat egy adott élethelyzettel. És máris tudom, hogy az ő fókusza éppen akkor hol van.

Ilyenkor két lehetőség létezik. Vagy abban a fókuszban, ahol ő van – mert nem hajlandó kimozdulni belőle – megkeressük a számára ott legoptimálisabb megoldási lehetőségeket, vagy teljesen változtatnia kell a fókuszon, mert az ő fókusza nem a saját életfeladatának megfelelő, hanem különböző felvett mintákból adódik.

Rengetegszer észrevettem saját magamon is, hogy barátok, ismerősök, kliensek elmondták nekem az életük aktuális helyzetét, elmondták a saját vágyaikat, álmaikat, céljaikat, és elkezdtem magaménak érezni őket. Elkezdtem hajtani afelé, hogy az a világ a jó, amit ők élnek, vagy ők szeretnének élni. Így van ezzel minden egyén. Kapjuk az információkat mindenhonnan, és elveszik a saját belső intuitív képességünk, ami mindenkiben ott van, és elkezdünk egy, a külvilág számára megfelelő életet élni, másoknak megfelelőséget játszani. De nem ezért születtünk le. Természetes, hogy akkor folyamatos korlátokba ütközünk. Nem azért, mert minket éppen szívatni akar valaki odafentről, vagy mások a környezetünkből, hanem pont azért, hogy vegyük észre, hogy vegye észre valaki, hogy egy labirintusban mászkál; ha negyedszer is ugyanannak a falnak ütközik, akkor egy másik irányba kéne elindulni, mert az az irány nem jó. Hiába, ha szökdelve megy végig, ha kézen állva megy végig, ha szép lassan megy végig, vagy törpejárásban, akkor is ugyanúgy ahhoz a falhoz fog érni, amin nem fog tudni áthaladni. Tehát akkor vissza kell menni a kezdőponthoz, és a kezdőponttól el kell indulni egy olyan irányba, ami egy kicsit más, ami másfelé van. A cél ugyanaz: kijutni a labirintusból. Csak egy kicsit máshogyan, egy másik úton. Nem az a megoldás, hogy ugyanazon az úton, csak kicsit máshogyan, hanem az utat is néha változtatni kell. Sokszor ebben van a megoldás kulcsa; hogy hajtjuk ugyanazt az utat mindenféle formátumban, pedig csak az úton kellene egy kicsit változtatni, és máris gyönyörű szépen tudnánk haladni, sokkal kevesebb korlát és akadály lenne az életünkben.

De az is az egyén döntése, hogy elfogadja, vagy egyáltalán kéri-e a másik személy, egy tanult ember, egy szakember, egy bárki véleményét. A legfontosabbnak tartom ezzel kapcsolatban azt, amit egy főnököm mondott egyszer nekem és a kollégáimnak, mikor még a pénzügyi rendszerben voltam vezető.

„Csak olyantól fogadjatok el tanácsot – és ezt mondjátok az ügyfeleiteknek is, hogy olyanoktól fogadjanak el tanácsot –, akik legalább azon a szinten, vagy kicsit magasabb szinten élnek abban, mint amire ti vágytok."

Legyen ez párkapcsolat, munka, egészség – tehát bármilyen szempontból olyan embertől célszerű tanácsot elfogadni, aki legalább azon a szinten, vagy egy kicsit feljebb van abban, amiben én a tanácsot kérem. Mert a többi ember találgat, tippelget, és a saját félelmeit – hogy ő miért nem indult el a felé az út felé – fogja elmondani, amivel a te félelmeidet fel fogja erősíteni, és még inkább nem fogsz belevágni, és akkor biztosított a kudarc.

Tehát ha a gyermekeinkkel való kapcsolatunkat vizsgáljuk, azt keressük, hogy a gyermekünk jelleme, viselkedése milyen tanítást, feladatot hordoz számunkra, akkor mindig magunkban lesz a kulcs. A már említett módszerek segítséget tudnak nyújtani, de magát az utat magunknak kell bejárni. A legfontosabb tanítás – szerintem – a gyermekünk részéről felénk a feltétel nélküli szeretet legmagasabb szinten történő megélése. Aki képes a feltétel nélküli szeretet állapotára, ő már egy olyan tudatossági szinten helyezkedik el, hogy alkalmas arra, hogy másokon és önmagán is segíteni tudjon, és harmonikus kapcsolatokat alakítson ki. Hagyjuk magunkat fejleszteni gyermekeink által!

Akinek nem adatik meg a gyermeknevelés élménye, mert most, ebben az inkarnációban neki más feladatok jutottak, ő se keseredjen el, mert minden okkal történik, és vannak dolgok, amin nem tudunk változtatni, de el tudjuk fogadni és át tudjuk helyezni a fókuszt. Lehet azon embereknek segíteni és az ő gyermeküken keresztül fejlődni, feltétel nélküli szeretetet tanulni, akiknek nagy nehézséget okoz a gyermekük megszületése, felnevelése, mert sajnos ilyenre is van példa, hisz' nekik azt kell most megtanulni.

SZÉDÜLÉSEM TÖRTÉNETE

A szédülés, mint életem megkeserítője, így gondoltam rá nagyon sokáig. Aztán mostanra rájöttem, hogy a legnagyobb fejlesztő, tanító céllal történő dolog, ami eddigi életemben előjött, az maga ez a betegség.

2004-ben kezdődött minden, amikor is az egyik reggelen az iskolába gyalogoltam be, és éreztem, hogy valami nem stimmel. Úgy éreztem, hogy a lábam nem akar rendesen megtartani. De aztán próbáltam arra koncentrálni, hogy biztos hosszú volt a hétvége, elfáradtam, és nem foglalkoztam annyira vele. Másnap még szörnyűbb volt. A hétvégén, vasárnap már oda jutottam, hogy fürödni is csak faltól falig tudtam elmenni, és a zuhanyzóban állva azt éreztem, hogy teljesen megsemmisülök, nem tud megtartani engem a lábam, és el fogok ájulni.

Majd elkezdődött a kálvária. Orvostól orvosig mentünk. Néha édesanyám, néha az akkori párom kísért mindenhova. Rengeteg helyen voltunk; mindenhol, ahol a fizikai orvoslás segítséget tud nyújtani, vagy ahol egyáltalán fel tudták mérni, mitől lehet ez a probléma.

Egy kis kitérő, de a témához tartozik és fontosnak tartottam leírni, hogy nagyon nagy szüksége van a társadalomnak a fizikai orvoslásra, az orvostudományra. Azt vallom, hogy ha egy fizikai betegség az ember életében előjön, akkor el kell menni, és ki kell vizsgáltatnia magát tetőtől talpig, és az alternatív gyógyászatot, mint olyat, csak kiegészítő kezelésként szabad alkalmazni, illetve olyan esetekben, amikor az orvostudomány már „lemond a betegről", ahogy ez esetemben is történt.

Vegyük sorra, hogy hol is jártam a szédülésem kapcsán. A legelső utunk az ügyeletre vezetett, ahol is igazából, mivel pont egy vírus terjedt abban az időben, azt mondták, biztosan ez a vírus a lehetséges ok, majd el fog múlni. Természetesen nem múlt el, ezért utána felkerestem a háziorvost, ahol különböző beutalókat is kaptam, és különböző helyekre el is mentem. Voltam fül-orr-gégészeten, vizsgálták az egyensúlyom, ahol kiderült, hogy mindkét oldalon nagyon gyenge az egyensúlyérzékem, ami valószínűleg a vírus hozadéka. De aztán ez elmúlt, de a szédülés maradt. Voltam neurológusnál, kardiológusnál, belgyógyásznál. Igazából orvosi szempontból voltam mindenhol, ahol csak lehetséges volt. Az akkori háziorvosom azt mondta – mivel folyamatosan nagyon magas volt a vérsüllyedésem –, hogy valószínűleg pszichésen generálom, és túlságosan ráérek. Inkább sétálgassak a levegőn, tervezgessem az életemet, talán majd elmúlik az egész. Egyértelműen azt azonosították, hogy valószínűleg pszichés lehet ez a dolog, és nem tudnak vele mit kezdeni. Ebben az időben egyszerre jártam főiskolára, segítettem édesanyám vállalkozásában, és kettő helyen dolgoztam, és mindenhol a maximumot akartam nyújtani.

Az egyensúlyérzékem nem jött helyre, és különböző pszichiátriai gyógyszereket akartak számomra adni, hogy majd azzal talán jobban leszek. Meg is próbáltam egy párat. A különböző nyugtatók rám fordított hatással vannak: egy fél szem nyugtatótól egy egész éjszakát áttakarítottam, úgyhogy rájöttem, ez így annyira nem lesz jó, bár a család kifejezetten örült neki, hogy milyen tökéletes rend lesz itt éjszakánként mostantól. De én úgy gondoltam, hogy nem biztos, hogy ez a konkrét jó megoldás. Az antidepresszánsok sem vezettek semmilyen eredményre, tehát ugyanúgy megmaradt ugyanaz a szédülés. Mondhatni inkább, talán annyira nem foglalkoztam vele, de annak ténye, hogy nem tudtam jönni-menni, élni az életemet, az teljességgel megmaradt.

A neurológián az utolsó olyan emlékem, ami nagyon mélyen érintett, az volt, amikor elkészült az agyi MR-vizsgálatom, miután sclerosis multiplex gyanújával csináltak egy MR-vizsgálatot. Kiderült, hogy semmilyen agyi problémám nincsen. Sosem fogom elfelejteni, hogy a váróban ott volt egy másik, hasonló korú lány, mint én, és nála agydaganatot diagnosztizáltak. Mind a ketten hatalmas hanggal, hatalmas elkeseredettséggel zokogtunk. Ő azért, mert agydaganata van, én pedig – és ez a legszörnyűbb az egészben – azért, mert nekem nincsen kimutatható bajom.

Mert annál rosszabb nincs, mint amikor nem találják meg a problémád okát.

Én akkor azt gondoltam, az a legjobb, ha meg tudják mondani, hogy ez és ez a betegség, és erre ez és az létezik, mint gyógymód, vagy hogy arra megoldás nem létezik. De nálam ilyet nem tudtak találni. Ez a legrémisztőbb az egészben. A pszichésen betegek között, a pánikbetegek között lehetnek olyanok, akik értik, hogy mit akarok írni ezzel. Aki ezt nem éli át, szerintem nem tud véleményt alkotni és mit mondani erre, mert ők igenis érzik azokat a tüneteket, érzik azokat a dolgokat. Hiába mondja nekik valaki, hogy ne figyeljenek oda rá, vagy ne foglalkozzanak a bajukkal, ez nem ilyen egyszerű. Sőt. A legszörnyűbb az egészben, amikor van egy fizikálisan érezhető probléma, végigmész az összes orvoson, vizsgálaton, és a végére kiderül, hogy nincs semmilyen szervi problémád. Ennél rosszabbat igazából én nem is tudok elképzelni. Sokkal rosszabbnak ítéltem meg akkor azt, hogy nincsen, mintha lett volna. Most már persze ezt is teljesen másként fogom fel, de abban az időben ez nagyon mélyen megérintett engem.

Spirituális szempontból voltam rengeteg jósnál, látónak nevezett hölgyeknél és uraknál, az országban mindenhol. Voltam energiagyógyásznál, szellemgyógyásznál, akupunktúrás kezeléseken, természetgyógyászoknál, pszichológusoknál. Tehát tényleg rengeteg helyen. Igazából azt vettem észre, hogy ha elmentem egy adott helyre, akkor általánosságban a második találkozó alkalmával már ők kezdtek el tőlem kérdezni dolgokat, és én válaszoltam az ő éppen aktuálisan felmerült problémájukra. Ez olyan dolog, hogy aki foglalkozik valamivel – mondjuk a spiritualitás terén –, külső személyként érzelemmentesen el tudja mondani az okokat, és tud segítséget nyújtani, de önmagának vagy nagyon közeli hozzátartozónak senki nem tud, mert ott már belevisszük az érzéseinket. Mint amikor az orvos belevinné az érzéseit a betegekkel kapcsolatos munkájába. Nyilván nem teheti meg. Vagy a nyomozó nem teheti meg, hogy megsajnálja a bűnözőt stb. Teljesen egyértelmű nekünk, mint másokat segítő foglalkozásokat végző egyéneknek, hogy igazából nagyon közeli hozzátartozónak és magamnak nem tudok egy objektív véleményt mondani. Van erre egyébként egy módszer: ha úgy kezelem azt az adott helyzetet, mintha egy harmadik személyről lenne szó, és annak a harmadik személynek írnék le vagy adnék tanácsokat, és ezután azt magamra veszem. Csak így lehet, de ez is nagyon nehéz, és nagyon sok gyakorlást igénylő feladat.

Tehát azt vettem észre, hogy kérdeznek tőlem, és én adok tanácsokat és nyújtok segítséget. Egyre inkább kezdett egyértelművé válni számomra, hogy nekem nagyon fontos feladatom és küldetésem a szolgálat, a mások segítése, a tanácsadás, és a betegség is egy olyan jelzés, ami azt kívánja mutatni, hogy nem jó az irány.

Rájöttem rengeteg olyan összefüggésre a saját életemből, ami teljesen arra engedett következtetni, hogy egészen addig, amíg elsiklottam valami felett, amikor elmentem valami mellett, amikor egy másik irányba indultam el az életemben, mint ami az én utam, folyamatosan jöttek a nehézségek és a betegség.

Az utolsó mondat, ami sokáig megpecsételte az életemet, az volt – máig ott van bennem, és fel tudom idézni bármikor –, amikor egy neurológus professzor azt mondta nekem, hogy „Diána sajnos, ezzel együtt kell tudni élni, nem tudunk önnek segíteni". Ezután még több helyen is elhangzott ugyanez a mondat, és kezdett nyilvánvalóvá válni, hogy az orvostudomány az én problémámmal nem tud mit kezdeni. Eközben már folyamatosan elkezdtem kutatni, keresni, hogy mi okozhatja, mitől lehet ez nálam.

Napjainkban egyre elterjedtebb, hogy minden betegségnek, szokásnak lelki oka lehet. Én úgy gondolom, nem csak lehet, hanem biztosan van is. Minden történésnek az életben lelki oka van: a szervezet jelez, hogy valamit meg kíván mutatni számunkra, ami mélyen a tudattalanunkban gyökerezik, és már fizikai tüneteket produkál. A betegség tehát egy jelzés az egyén tudata felé, hogy valami megoldandó feladata van, amely megoldásának eljött az ideje. Persze semmi sem egyszerű; ez sem egyszerű dolog, hogy mi is a pontos okozója bennünk az adott betegségnek, szokásnak.

A megoldás felé vezető úton nagyon fontos első lépés a változtatni akarás, a gyógyulni akarás, illetve maga a felismerés, felvállalás és felkészülés a kitartó és őszinte „kutatómunkára", amelynek eredményeként megtudhatjuk, mi lakozik bennünk, mi is igazából az okozó. Innen már célirányosan indulhatunk a megoldás felé.

Voltak olyan időszakok az életemben, amikor másfél-két éven keresztül csak kísérővel tudtam kimozdulni, és a lakásban is csak nordic walking bottal tudtam eljutni a vécéig. Ez szörnyű érzés egy huszonéves nőnek, aki azt látja mindenhol, hogy a társai jól érzik magukat, szórakoznak, ismerkednek. Nekem az maradt, hogy ott vagyok, és nem tudok mit kezdeni a helyzettel. Szédültem állva, ülve, fekve. Nem találtam a helyem. Rettenetesen nehezen olvastam, közben mégis folyamatosan tanultam, fejlesztettem magam. Így diplomáztam le, így végeztem el a számviteli főiskolát, és közben egyetlen dolog tudta bennem a lelket tartani, és ez nem volt más, mint a spirituális tanok. Mindennek kerestem az okát, a miértjét, és egyre mélyebbre és mélyebbre ástam. Így jutottam el az adott életemből az előző életekhez. Egyre jobban belém nyilallt a felismerés, hogy a szédülés, mint olyan, azért érkezett az életembe, hogy saját magamon megtapasztaljam, miként lehet úrrá lenni és változtatni egy adott dolgon, és hogy ezt másoknak is meg tudjam tanítani, mutatni. Ne kelljen 10-12 éven keresztül végigjárni egy kálváriát, hanem megkaphassák tőlem a megoldások kulcsát. Természetesen nincs két egyforma helyzet, nincs két egyforma eset.

De abban a pillanatban, ha valami zavar, valami negatívan hat ránk, el lehet kezdeni megkeresni a megoldást, mert mindig mindenre megvan a megoldás. Nem mondom, hogy 100%-os gyógyulás tud bekövetkezni – bár az sem kizárt –, de egy élhető és tudatos életet tud az ember élni, és ez a legfontosabb, a legjobb dolog, mert azért jöttünk ide, hogy éljünk. Azzal tudunk főzni, amilyen hozzávalókkal rendelkezünk – ha nem tudunk éppen beszerezni hozzá. Illetve amire van még lehetőségünk, hogy ha meg akarunk főzni valamit, ami a célunk, ha ételként tekintem, akkor meg kell keresnünk azokat a hozzávalókat mindenféle boltokból, amik szükségesek. Majd hazaérve elcsendesedve összerakni, amink van. Végül pedig megfőzni.

Az emberek nagyon sokszor úgy gondolják, hogy elmennek egy alternatív gyógyászhoz vagy egy spirituális segítőhöz, egy pszichológushoz vagy egy életvezetési mentorhoz, és majd ő meg fogja oldani az életüket. De ez nem így működik. Elmehetek egy étterembe és ott megrendelhetem azt az ételt, amit szeretnék, de attól függetlenül, hogy ettem egy ilyen ételt, holnaptól, ha meg kellene főznöm, újra nem tudnám elkészíteni. Ízlett, finom volt, de újra vissza kell oda mennem, hogy ugyanabba a jóllakottsági állapotba kerüljek az által az étel által, amit én szeretnék. A segítő elmondhatja a receptet, segíthet a hozzávalók beszerzésében, de mindenhez az egyén szükséges. Ha az egyén odaáll, hozzáteszi önmagát, türelmes és hajlandó arra, hogy változtasson, akkor sikerülni fog. Ebben biztos vagyok, hisz' a saját példám is igazolja ezt.

Tehettem volna én is azt, hogy elfogadom a tényt: nem tudnak velem mit kezdeni, és életem végéig fekve várom, mikor jön el az utolsó pillanat. Ez is szintén a szabad akarat kérdése, hogy döntök én. Elfogadom-e azt, amit egy külső személy számomra mond, vagy úgy gondolom, hogy ez is egy hatalmas feladat. Meghallom, amit ő mond, értelmezem, amit mondott, és megkeresem azokat a lehetőségeket, amik segíteni tudnak nekem. Ezt mindenki saját maga dönti el. Ha kitartóan, folyamatosan és teljes akarattal, önmagam felé őszinteséggel mindent megteszek, akkor ott van az esély, a lehetőség. De hiába csöngetnek az ajtón és hoznak nekünk egy nagyobb összeget, ha mi a hátsó kertben keressük a négylevelű lóherét. Nagyon sok olyan ismerősöm van, aki azt mondja: „Bárcsak nyernék a lottón, akkor minden rendben lenne!". Megkérdezem: lottózol? Ja, nem. Ha nem adom fel a lottószelvényt, még az esélyét sem adom meg annak, hogy nyerjek, hiába várom a nyereményt.

Azt kell figyelembe és tudomásul venni, hogy aki a leginkább kell ahhoz, hogy meg tudjak gyógyulni, az én saját magam vagyok. Ha én elhiszem magamról, hogy képes vagyok erre, és a sorsom úgy van megírva, hogy nekem erre képesnek kell lennem, és megtalálom, hogy mit akar számomra ez a helyzet mutatni, akkor onnantól fogva nincs szüksége a testemnek a betegségre, hogy tovább mutassa számomra a feladatot. Lefordítva: már nem kell tovább azzal a betegséggel élnem, mert megtörtént a tanítás, s a betegséget az egészség válthatja fel.

Azért kezdtem el a spiritualitással is foglalkozni, mindent megtanulni, és egyre mélyebben és mélyebben képezni magam, hogy ebben a kitartó és őszinte kutatómunkában tudjak én is segítséget nyújtani. Célom, hogy minden megtanult alapján segítsek hatékonyan és gyorsan megtalálni ezt az okot, hogy aztán elindulhasson a megoldási fázis.

Első körben saját magamnál a saját okomat kerestem, és sikerült rátalálnom a saját okomra, saját szokásomra. Rájöttem, mi okozta ezt a dolgot nálam. Jóllehet, lemondtak rólam, mégis itt vagyok, bár nem 100%-osan, hiszen most is előjön időnként ez a szédülés. De most már tudom kezelni, sokkal jobban tudom kezelni.

MÉHNYAKRÁKOM TÖRTÉNETE

A kislányom édesapjával az együttélésünk nagy része – főleg a második – az ő szülővárosában zajlott. Ahogy azt már írtam a **Párkapcsolatok az életemben** résznél, nem működött a kapcsolatunk, így elhagyott minket a lányommal. Amikor elköltözött, folyamatosan kerestem a helyemet. Folyamatosan azt éreztem, hogy akármerre megyek, akármit csinálok, az ő árnyékaként tudok ott érvényesülni. Mindenhol őáltala, az ő mentalitása, személyisége, ismertsége alapján és mindig az ő valakijeként, vagy az ő most már volt valakijeként voltam „nyilvántartva". Egyre nehezedett számomra ez az érzés, és egyre erősödött bennem belülről a bizonytalanság. Egy tétova állapot. Ahogy egyre erősödött a bizonytalanságom, úgy erősödött kedves „szédülés barátom", aki kíséri életemet.

Egyre inkább nagyon-nagyon erősen szuggeráltam, programoztam magamat, és mindenféle technikát, amit ismertem, újra és újra elkezdtem magamon alkalmazni. Úgy voltam vele: most nem az elkeseredés a feladat, a megoldás, hanem minden tudást még erősebben, még nagyobb hittel magamon kell alkalmazni. Akkor majd működni fog. Szép lassan el is kezdett működni.

Ahogy beindult, nagyon erősen érezni kezdtem azt, hogy nekem nincs már helyem abban a városban, vissza kell jönnöm a szülővárosomba. Többször álmodtam a szülővárosommal, és hogy hova viszem iskolába a kislányomat. Egyik nap, amikor felébredtem, úgy döntöttem: elindulok és beíratom a gyermekemet abba az iskolába, amit már többször megálmodtam. Mondhatni egy hét alatt mindent elintéztem, és két héten belül visszaköltöztem a szülővárosomba.

Úgy gondoltam, az a legjobb megoldás, ha minden „pótkereket" leteszek, és minden segítséget „elvetek" magam mellől. A szédülés, mint korlát, analogikus felváltására azt választottam, hogy magamnak adok egy korlátot, miszerint nincs segítségem, egyedül vagyok a gyermekemmel. Nekem kell róla gondoskodni, iskolába vinni, és mindent nekem kell csinálni. Nincs sem időm, sem lehetőségem, hogy szédülgessek, és tudtam, fentről segíteni fogják, hogy működjön és menjen. És valóban: működött és ment.

A tudatos egyedüllétet választottam azért, mert úgy gondoltam, nekem erre nagyon nagy szükségem van. Egy percig sem voltam magányos, de egyedül voltam. Bárki próbált volna közelebb kerülni hozzám barátilag, ismeretségileg, vagy akár a családomból, valamiért mindig ott volt egy fal, amit én tudatosan tettem oda, hogy én egyedül akarok lenni és egyedül akarok végigmenni a dolgokon. Persze közben kifelé azt próbáltam közvetíteni, és magamnak is hazudtam azzal, hogy szeretném, ha mellettem lennének, ha lenne segítség. De nem lehet, tehát mindent egyedül kell megoldanom. Ez folyamatos ellentétként volt bennem, ahogy általában mindig minden. Gondoltam, győzzön a jobbik ellentét: az egyedüllét volt a jobbik, ami nagyon sokat segített nekem abban, hogy igenis újra autót tudtam vezetni, mentem és csináltam a dolgom, tanultam, fejlesztettem magam.

Elkezdtem olyan szintre jutni, hogy újra képest voltam emberekkel foglalkozni, és megtalálni az új embereket magam körül, akiknek a segítségemre van szükség. Azért jöttem vissza, hogy a szülővárosom problémákkal, feladatokkal rendelkező embereinek segítséget nyújtsak.

A kislányom rengeteget segített. Ő volt az, aki a legnagyobb segítő volt az életemben. Minden szempontból olyan lelki törődést, kényeztetést, kedvességet, megértést, elfogadást és türelmet tudott tanúsítani, ami példaértékű volt számomra. Ő tanított meg nagyon sok mindenre, amire eddig senki nem tudott igazán megtanítani.

Közben volt olyan barátnőm, akivel rengeteget kommunikáltam telefonon, és kölcsönösen segítettük egymást. Tudatosan teljesen jól éreztem magam. Úgy gondoltam, hogy ez a nekem való élet, a szabadság, a függetlenség – örömteli perceket okozott számomra. Nagyon teljesnek éreztem mindent az életemben.

Aztán amikor már túl jónak tűnt az élet, megérkezett a méhnyakrák.

A kislányom megszülésekor keletkezett egy méhszájsebem, amit, hogy úgy mondjam, eléggé hanyagul kezeltem. Amikor esetleg valami problémát okozott, elmentem nőgyógyászhoz, aki adott rá valamit. Azt gondoltam, ez tökéletesen szinten van tartva, és nem kell ehhez egy komolyabb beavatkozás. Egyik pillanatról a másikra – mivel nagyon erős intuíciókkal rendelkezem, nagyon erősek a hirtelen jövő sugallatok az életemben – azt éreztem, hogy nekem ez elrákosodott. Nem tudom, miért éreztem ezt akkor – azaz most már tudom. Próbáltam magamtól elhessegetni. Azt mondtam magamnak: *lehet, hogy csak azért gondolom, képzelem, mert sokat vagyok egyedül és van időm ezzel foglalkozni, erre gondolni.* Átiratkoztam a helyi háziorvoshoz, mert úgy voltam vele, mégis csak közel van, leadom neki a papírjaimat. Nem konkrétan a szülővárosomban van, hanem itt, a város mellett, egy kisebb faluban. Mielőtt elköltöztem, előtte is ő volt az orvosom. Nagyon meg voltam vele elégedve. Ő egy nagyon alapos orvos. Nem beszéltünk semmit erről a méhszájsebről. Elküldött egy vérvételre, nőgyógyászatra, hogy alapvető szűrővizsgálatokat végeztessek el, mert évente fontos, illetve, hogy ő is egy tiszta képet kaphasson a mostani egészségügyi állapotomról. Közben valamiért ott futott bennem, hogy valamit fognak találni.

El is mentem a nőgyógyászati vizsgálatra. November vége felére kaptam időpontot. Majdnem lemondtam, mert nagyon késő estére szólt. Úgy voltam vele, hogy elmegyek mégis. Elvittem magammal a kislányomat, velem volt a váróban. December 19-én megérkezett az üzenet a telefonra, hogy azonnal vegyem fel a kapcsolatot a doktor úrral, mert P5-ös lett a cytológiám, és ő szeretne azonnal megműteni. Haboztam, de éreztem, hogy baj van, ezért természetesen belementem a műtétbe. 21-én megvolt a műtét, ahol komplikációk merültek fel, mert sajnos az esti időszakban elkezdtem nagyon erősen vérezni. Ott egy nagyon mély és nagyon kemény megélésem volt a nőiesség teljes elvesztéséről, az alárendeltségről, a küzdelemről, a félretettségről, a megalázottságról – tehát minden oldalról, amit lehetett, megkaptam. Egy másik kórházból érkezett, időnként itt is ügyeletet vállaló,

arrogáns, narcisztikus orvos volt, aki elvégezte a gyors beavatkozást. Nem voltak eszközök, futkostak összevissza, az orvos csak üvöltözött, érzéstelenítő nélkül varrt, üvöltött és borzalmas stílusban beszélt velem, hogy ne hisztizzek, akkor előbb végzünk. Neki is lenne jobb dolga – cseng vissza újra és újra a fülemben, ahogy közölte. Megrántotta, elszakadt az egész, kezdte elölről. Borzasztó, szörnyű, iszonyatos volt. Ezután vérben feküdtem reggelig. Reggel érkezett a nővér és megkérdezte, hogy mi volt itt, disznóvágás, hogy ilyen szinten vérzik minden...
Végre rendbe rakták a dolgokat. Hazahoztak a kórházból, de nem teljesen haza, hanem az édesanyámék éttermének lévő pici lakásba. Azért oda mentem, mert egyedül vagyok, és kellett valaki mellém. Úgy engedtek ki a kórházból, hogy legyen mellettem valaki, egy megfigyelő. A vendéglátásban a legerősebb szezon ez az időszak, édesanyámnak és húgomnak is nagyon sok feladata volt. Ott is éreztem a „felesleges vagyok", „túl sok vagyok" érzéseket. Szegényeknek a hátuk közepére nem kellett volna, hogy én ott legyek és felelősséggel tartozzanak, feljöjjenek hozzám óránként, hogy rám nézzenek. Ez egy nagyon-nagyon mély megélés volt.

Maga a műtét arról szólt, hogy kivágtak egy darabot a méhnyakból; azt a részt, amelyik csúnyábbnak bizonyult, valamint még körülötte is egy vékonyabb sávot, amit elküldtek vizsgálatra, hogy van-e benne rosszindulatú elváltozás. Meg is érkezett a lelet, hogy egy olyan rosszindulatú elváltozás, ami nem a laphám, hanem egy folyamatosan terjedő, rosszindulatú daganat. A javaslat: azonnali hatályú teljes kipakolás (a méheltávolítás régiesen szólva), a petefészkek, a méh eltávolítása, a nyirokcsomók eltávolítása, majd ezek elküldése további vizsgálatra. Ezután persze majd meglátjuk a további dolgokat.

Ahogy megérkezett a diagnózis, hogy valami gond van, itt jött nálam a felismerés, hogy nem kell semmit eltávolítani, mert köszönöm szépen, teljesen jól vagyok. Nekem annyi volt a problémám, hogy a méhszájseb elrákosodott, de azt most kivágták, és teljesen jól vagyok. Próbáltam több orvoshoz eljutni azért, hogy igazolják vissza számomra, hogy nekem van igazam, de nem jártam sikerrel. Az egyik helyen azt mondták, egyfajta módszerrel kellene csinálni, a másik helyen pedig azt, hogy azzal a módszerrel még csak véletlenül sem, kifejezetten tilos. Teljesen elbizonytalanodtam, közben belülről végig azt éreztem, hogy nekem erre nincs szükségem. Ki volt írva a műtét időpontja. Én úgy döntöttem a műtét időpontjában, hogy nekem nincs időm műtétre, mert én költözöm. Gyorsan kerestem egy másik ingatlant, ahova szeretnék elköltözni – mindegy, hogy hova, csak olyan legyen, ahol nincs lépcső. Én költözöm. Meg is történt a költözés egyik ingatlanból a másikba.

Ez azért is volt, mert az anyaméh maga a nőiesség szimbóluma és a kreativitás központja. Természetesen spirituális emberként pontosan tudom, hogy attól függetlenül, ha én nem rendelkezem ezekkel a szervekkel konkrétan, a szervek jelentéstartalma és analógiája ugyanúgy ottmarad és működik, és az energiaminta ugyanúgy megmarad. Én még csak véletlenül sem éreztem, hogy bármilyen problémám lenne a kreativitással. A kreativitás nálam tökéletesen működik.

A méhnyak ehhez képest szintén a nőiességet képviseli, viszont konkrétan az anyaságot és az otthont. Itt kezdtem el gondolkodni azon: valószínű, hogy a tudatalattimban fut egy olyan program, hogy lehet, hogy én berendezkedtem erre az egyedüllétre és a lányommal való tökéletes kapcsolódásra, de a lányomnak nem biztos, hogy ezzel teszem a legjobbat. Anyaként nem biztos, hogy így vagyok a legjobb; nem biztos, hogy az a legjobb, hogy ha egy olyan otthont teremtek neki, ahol nincs meg mindkét szereplő, csak a női oldal van meg (attól függetlenül, hogy tudom működtetni magamban a férfi oldalt is). De egy külön férfira és egy külön nőre lenne szükség, egy apai és egy anyai energiára lenne szüksége a gyermekemnek.

Ahogy megjelentek bennem ezek a félelmek, amiket én elhessegettem folyamatosan az alatt, amikor kialakítottam ezt a fajta életmódot, akkor a tudatalattimban elhelyeztem ezt a félelemprogramot – és ez indította meg a méhnyakrákot.

Ha megvan az ok – itt megvolt az ok maga –, úgy gondoltam, hogy akkor azt kell először orvosolni, majd csak utána kell ezzel a másik dologgal foglalkoznunk – ha egyáltalán még kell. Elkezdtem az okot orvosolni, olyan szinten, hogy a tudatalattimban elkezdtem kioldogatni minden a nőiességhez, az anyasághoz, az otthonhoz kapcsolódó félelmeimmel kapcsolatos blokkokat. Mindent igyekeztem kioldani. Folyamatosan egy új programot adni a tudatalattim részére tudatosan, hogy így a megfelelő, így a jó, és ennek oka van, hogy ez így van, és el tudjuk ezt fogadni, ami teljesen jó a gyermekemnek is.

Eközben a gyerek édesapjával egy nagyon erős, baráti jellegű kapcsolat alakult ki köztünk, ami még inkább segítette azt, hogy – attól függetlenül, hogy helyileg nem egy édesanyával és egy édesapával lakott a lányom – mégis csak megkapta minden héten az édesapát több napra, vagy akár naponta telefonon, aki adta neki a megfelelő energiát. Úgy gondolom, nem kell ezt túlmisztifikálni. Nem feltétlenül kell, hogy ez egy légtérben történjen, hiszen az energia nem ismeri az akadályokat, a távolságokat. Az energia mindenhova eljut. Valamint volt és még van is egy olyan férfi az életemben, aki a legnagyobb segítője volt a gyógyulásomnak, energetikai kezelések és lelki támasz szempontjából is.

Ezeket szépen lassan saját magamban felülírtam, és úgy döntöttem, hogy elmegyek egy új vizsgálatra egy teljesen másik városba, és nem beszélek semmit az előzményekről, csak csináltatok magamnak egy rákszűrés-vizsgálatot, mert azt éreztem, hogy rendben vagyok. Egy nagyon jó barátnőm és a fent említett férfi rengeteget beszélgettek velem és biztosítottak róla, hogy ők is vissza tudják igazolni, amit én gondolok: nincs nálam semmi probléma.

Elmentem erre a vizsgálatra, amiről nem is kaptam eredményt, nekem kellett utánajárnom. P2 lett az eredmény, tehát még csak egy gyulladás sem volt. Természetesen ez nem azt jelenti, hogy én most hátradőlök és nem foglalkozom többé ezzel a kérdéssel. Nem azt jelenti, hogy mindenkinek az lenne a feladata, hogy véletlenül se műttesse meg magát, hanem azonnal kezdjen el a háttérrel, a lelki okkal is dolgozni. Mert vannak esetek, amikor mindenképpen szükség van a műtétre, de léteznek olyanok is, ahol kikerülhető. Valahogy belül megéreztem, hogy nálam kikerülhető. Rengeteg munkába telt, de megérte.

Többen is támogattak, de leginkább saját magamnak segítettem, hogy eljussak oda, hogy tökéletes lett az eredményem. Elhatároztam azt is, hogy folyamatosan vizsgáltatom magam, és addig nem bántom ezt a dolgot és nem hagyok hozzányúlni, amíg esetleg nem változik az eredmény.

Folyamatosan azt érzem, sikerült ezt a fajta belső konfliktust, okot orvosolnom azzal, hogy áthelyeztem magamban, átalakítottam, átprogramoztam magamban a mélyen bennem futó információkat. Ez volt az igazi segítség valójában.

Bárki képes lehet, hogy a benne futó programokat át tudja írni, természetesen nagyon sok esetben kell hozzá segítség. Nekem is azért sikerült, mert nagyon sokat tanultam és képeztem magam, és voltak segítők körülöttem. Ha sikerül átírni a programot, az lehet egy kiegészítő kezelése az orvosi kezelésnek, vagy egy orvosi kezelés után, egy megtörtént műtét után is nagyon nagy szerepet játszik, hogy átalakítsuk a tudatalattiban futó programot olyan pozitív programmá, ami aztán utána semmilyen tünetet nem eredményez.

A HIT és POZITÍV GONDOLKODÁS

Rengeteget foglalkoztam ezzel a témával, minden oldalról megközelítve és nagyon aprólékosan belemélyedve. Arra jutottam, hogy mindenkinek szüksége van egy kapaszkodóra. Ezt úgy kell elképzelni, mint amikor a kisgyerek biciklizni tanul. Első körben kell, hogy fogja a szülő, vagy aki segít neki megtanulni. Utána elég egy pótkerék, majd amikor már biztonsággal biciklizik a pótkerékkel, akkor levehetjük, és két keréken tud biciklizni. Ez persze nem azt jelenti, hogy onnantól kezdve ő két keréken biciklizik, soha többé nem fog elesni, nem történnek vele szituációk (akár negatív szituációk is), de onnantól mondhatjuk azt, hogy ő megtanult biciklizni.

Úgy kell elképzelnünk, hogy amiben mi hihetünk, az rengeteg minden lehet. Lehet egy kő, lehet egy kristály, amit be is tudunk programozni. Lehet bármilyen tárgy vagy folyadék, amit szintén be lehet programozni, hisz' mindennek rezgése van, és aminek rezgése van, az programozható. Lehet egy szimbólum, amit megismerünk, és tudjuk a jelentése alapján, mire alkalmazhatjuk, vagy kapunk egy olyan személytől, aki jártas ezekben a dolgokban. Bármi lehet az a kapaszkodó; lehet az Univerzum, lehet Isten, lehet az adott hitben, az adott vallásban az az EGY, a nagy, mindenek feletti.

Ezt úgy szoktam szemléltetni, hogy megvan a hitem, hogy rajtam van az a karkötő, hogy rám van rajzolva az a szimbólum, vagy magamnál hordom a követ, hogy elhiszem, hogy van egy mindenki felett álló, akinek a gondviselése alá tartozom, és innentől bajom nem lehet. Attól függetlenül minden az én döntésemen és az én cselekedeteimen múlik. Ha én beleülök az égő tűzbe és elvárom, hogy ne égjek meg, hisz' rajtam a karkötő, akkor is meg fogok égni. A karkötő arra jó, hogy amikor odalépek a tűz elé, akkor ránézek és azt mondom: nana, én nem megyek bele ebbe a tűzbe, attól függetlenül, hogy ez véd engem. Lehet, hogy ha tőlem független okból közel kerülök hozzá, nem fogok megégni. De nyilván, ha önszántamból belemegyek, akkor nincs olyan védelmi eszköz, ami az én védelmemet szolgálja. Ez nagyon fontos.

Másik oldalról úgy is meg szoktam közelíteni ezt a dolgot, hogy nagyon sokan azt mondják, a pozitív gondolkodás menynyire fontos, közben nincsenek tisztában a pozitív gondolkodás fogalmával. A pozitív gondolkodás sokak szerint azt jelenti, hogy én innentől fogva csak pozitív dolgokra gondolok, és várom, hogy megtörténjen a csoda. Ez azt is jelenthetné, hogy én a mai naptól fogva arra gondolok, hogy nagyon gazdag leszek.

Azt mondják – és ez bizonyított –, hogy egy cél akkor valódi cél, hogy ha az konkrétan meg van fogalmazva – nyilván, ha elérhető, nem olyan dolog, aminek esélye sem lehet az életünkben –, ami magunkhoz viszonyítva elérhető cél, konkretizált cél, és akár egy időponthoz kötött cél. Ez így egy konkrét cél. Például a konkrét célom az, hogy szeretnék 35 millió forintot szeptember 6-ára, és mindezt a bankszámlámra, hogy még helyhez is kössem, hogy hova is szeretném ezt az összeget. Innentől fogva pozitívan gondolkodok. Tehát én minden reggel arra gondolok, hogy nekem ez a pénz meglesz.

Azt is sok helyen olvastam és utána is jártam, hogy nem úgy kell megfogalmazni, hogy „meglesz", hanem hogy „ez megvan". Ez ténylegesen létezik. Az agykontroll és rengeteg más módszer foglalkozik azzal, hogy ha vizuálisan elképzelünk bizonyos dolgot, akkor magával a képzeletünkkel tudjuk teremteni annak a megvalósulását, mert miközben a képzeletünkkel eljátszunk azzal, hogy ez már nekünk megvan, akkor azzal felvesszük azt az életérzést és a rezgést. Azért, mert minden rezgés hozzá akar rezegni ahhoz az életérzéshez, és nyilván ahhoz meg fog teremtődni, amire szükségünk van. De magától nem fog megteremtődni. Tehát beülhetek én a sarokba, ott a pozitív gondolkodásom, mert beültem és várom. Ott a cél. Leírtam, kiírtam a falra, föltetováltattam magamra. Megvan minden ezzel kapcsolatban. Ülök, és várom. Minden áldott nap – hogy az ellenőrzés is meglegyen –, négyszer megnézem a telefont, megnézem a netbankomat, hogy megjött-e ez a pénz nekem.

És, sajnos nem érkezik. Nagyon kicsi esély, azt gondolom, lehetetlen, hogy így megérkezzen ez az összeg, de legyen 0.0001%. Ha ezt így csinálja valaki, azt fogja mondani egy idő után, na jó, ez az egész nevetséges, mert ez csak annak jár, akinek amúgy is van, én akkor visszatérek a hagyományos életemhez, mert így nekem pénzem biztosan nem lesz.

Ez nem így működik. Ha mi nem teszünk azért a dologért semmit, ha nem rakunk bele energiát, pusztán annyi energiát teszünk bele, hogy vizualizáljuk és leírjuk a célt, akkor az nem fog megvalósulni. Mert nyilván az Univerzum azt látja, hogy azzal töltjük az időnket, abba fektetünk energiát, hogy ülünk a sarokban és várjuk a csodát. Nem fog nekünk lehetőséget küldeni arra, hogy elinduljunk, és abból megteremtődjön, mert nincs rá időnk, hisz' az időnket azzal töltjük, hogy ülünk a sarokban és várjuk a csodát.

A legeslegfontosabb feladat, mint pozitív gondolkodás, hogy tegyünk érte. A másik nagyon-nagyon fontos dolog, hogy pozitív gondolkodással együtt is történnek velünk negatív események. Hogyha én pozitívan gondolkodom, az nem azt jelenti, hogy akkor velem nem történhet semmi negatív. Ha én hiszek valakiben vagy valamiben és az ő segítségét elfogadom vagy elhiszem, akkor onnantól fogva nem történhet negatív esemény, vagy én azon könnyebben át fogok menni, mert én szerencsésebb vagyok, mint a többiek.

Minden egyes dolog attól függ, hogy én azt hogyan élem meg. Ez többször is előjön belőlem, mert nagyon nagy kulcs, hogy hogyan élem meg azt az eseményt, mennyi energiát és mennyi időt engedek arra, hogy én azt értelmezzem és érzelmezzem. Mikor kattan át az a CD, és mikor látom azt, hogy igen, jó, megtörtént, rendben van. Szomorú, de mennie kell tovább az életnek, és új és új dolgokat kell tennem, és fel kell állnom, és igenis tevékenynek kell lennem. Mert minden sikeres ember – ha utánajárunk – folyamatosan kudarcok halmazát élte át, míg megérkezett az igazi siker. Mert minden egyes „nem" pont eggyel közelebb visz ahhoz az „igen"-hez, ami majd el fog jönni.

Az a szépsége, hogy nem tudjuk, mikor jön. Egyben szomorú is, és egyben szép is. Nem tudjuk, hogy mikor jön el. Lehet, hogy a tizedikre, de lehet, hogy csak a kétszázadikra. Ezért van az, hogy nem szabad soha feladni. Mert a feladással azonnal elkönyveltem a veszteséget, míg minden egyes újabb próbálkozással adok egy lehetőséget a nyereségnek.

NE VÁRD A CSODÁT!

Az emberek sokszor várják a csodát és nem veszik észre, hogy a csoda ott van előttük. Annyira egyértelmű, annyira egyszerűnek tűnő és annyira megmagyarázhatatlanul belülről érezhető és érzékelhető, hogy mit kellene tenni – de valamiért mégsem teszik meg. Valószínű, ez is a félelmek miatt van – addig a pillanatig, míg erősebb a félelem, mint a kitörési vágy, a cél, addig nem tud működni semmi.

Az életben vannak olyan pillanatok, időszakok, vannak olyan részek, amikor igenis döntéseket kell hoznunk, bármennyire is fáj és bármennyire is nehéz. Mégis muszáj megtennünk, mert az élet feldobja a lehetőséget, és ha nem teszünk semmit, sokszor elillan, vagy valaki más él vele. Utána már csak újra magunkat hibáztathatjuk, hogy kiengedtük a kezünkből, hogy vártuk a csodát. Közben azt a csodát, amit megélhettünk volna, más valaki éli meg helyettünk.

Egyetlen útitárs sincs velünk végig, csak ideig-óráig. Az energia egy nagyon érdekes dolog. Mind a két oldalról meg kell lennie – bármire is gondolunk – annak az energiának oda-vissza, hogy működtetni tudjon egy kapcsolódást akár két ember között, akár egy ember és a munkája között, akár bármilyen két dolog között. Csak az egyik fél egy kapcsolódást nem tud egyedül működtetni. Eltelik az idő és rájön arra, hogy fel kell adni, tovább kell lépnie, mert nincs választása; abba nincs beleszólása, hogy a másik ember az őáltala nyújtott és átadott energiát nem kívánja fogadni, illetve viszonozni. Lehetne választása, hogy benne marad és tovább csinálja, de azzal a választással időről időre, folyamatosan önmaga ellen van. Nem építi magát, hanem rombolja. Lehet, hogy a külcsín, a fizikai valóság azt mutatja, hogy épül, de belül a lelke folyamatosan zokog és rombolódik. Egyszer csak eljut arra a pontra, hogy neki kell változtatni, neki kell elengedni, mert hiábavaló.

Mindig abban rejlik a megoldás, hogy senki más nem tud elindulni helyettünk. Ezt fel kell tudni ismerni. Senki más nem tudja sem élni, sem megélni az életünket helyettünk. Amikor valami nem működik, vagy nem úgy működik, hogy az számunkra építő, akkor abba kell hagyni. Máshová kell helyezni a fókuszt. Oda, ami a saját életünket javítja, fejleszti és jobbá, szebbé, sokkal élhetőbbé teszi. Soha nem jó választás a csodát várni.

SEGÍTŐ ERŐK

Az életben rengeteg nehéz helyzet van. Könnyű pozitívnak maradni akkor, amikor minden rendben van. Könnyű hinni akkor, amikor minden a legnagyobb rendben van. Ez teljesen érthető és jó dolog. Viszont az élet a vizsgáival, a feladataival úgy tud próbára tenni minket, hogy folyamatosan küldi a negatív helyzeteket az életünkben. Természetesen a negatív helyzetek nagy részét, mondhatjuk, hogy önmagunknak köszönhetjük. Mégis, amikor jön egy büntetésnek tűnő helyzet, egy negatív dolog, akkor nagyon nehezen tudunk vele szembenézni. Vannak olyan pillanatok, amikor összecsapnak a hullámok a fejünk felett és úgy gondoljuk, hogy nincs tovább. Minden tőlünk telhetőt megtettünk annak érdekében, hogy jól működjenek a dolgok. Minden cselekedetünk csak azért volt, hogy egyre előbbre jussunk, és fejlődjünk az életünkben. Mindent megtettünk, mégsem sikerült.

Ilyenkor kell, hogy el tudjuk belülről képzelni nagyon-nagyon mélyen, hogy van egy olyan erő, egy olyan energia, egy olyan gondviselés, ami ezekben a helyzetekben át tudja venni a hatalmat, és át is kell neki adni. Saját tapasztalatomból én ilyenkor átadom a hatalmat. Azt mondom, hogy én mindent megtettem, és kérem, most teremtődjön a helyzet úgy, hogy tudjam, mi a következő lépés. Hogy ne fulladjak bele a saját negativitásomba. Hogy ugyanúgy tudjak mosolyogni, és ugyanúgy tudjak egy új napot kezdeni. Higgyétek el, ilyenkor megérkezik a segítség. Lehet, hogy az utolsó pillanatban, de megérkezik. Ez nem azt jelenti, hogy hátradőlök, és innentől fogva sajnálom, ez van. Egyszerűen csak elengedem egy kicsit az irányítást, a görcsöt.

Ha már minden elveszett, ha úgy tűnik, minden gondolat, minden terv, minden cél „megtorpant" egy erős és vastag korlát, fal előtt, akkor jöhet egy olyan kapaszkodó, ami segít abban, hogy igenis át tudjunk törni ezen is. Mindig volt valahogy, és mindig lesz valahogy. Kérni kell a segítséget! Mert tudunk segítséget kapni, ha kérjük azt. Akár egy másik ember szájából kapjuk meg azt az információt, amire szükségünk van, akár egy másik ember keze nyújtja át nekünk azt, amire szükségünk van, vagy bármilyen információt hallunk, látunk, amire nekünk éppen szükségünk van, onnantól tudjuk tovább folytatni az utunkat. Minden egyes pillanat alkalmas arra, hogy átváltoztassuk a mocsárban vergődő, negatív, bennünk munkálkodó erőt, és előre tudjunk nézni a fényre, a pozitívumra.

Ha elborul az ég, előbb-utóbb akkor is ki fog sütni a Nap. Képzeljétek el, mi lenne, ha azt feltételeznénk, hogy egyszer beborul az ég, és onnantól fogva örökre így marad. Mindenkiben ott van az, hogy egyszer úgyis újra ki fog sütni a Nap, úgyis el fognak vonulni a felhők, és e fölött nincs hatalmunk. Ugyanígy van néhány szituációval az életünkben.

Elismerem – és számtalan példa van erre az életemben –, hogy vannak olyan helyzetek, amikor tényleg úgy tűnik, hogy már többé nem fog kisütni a Nap, de akkor is újra megtörténik, mert ott bújik a felhők mögött. És ahogy a felhők mozgása fölött, e fölött sincs hatalmunk.

Van egy célunk, egy feladatunk, amire leszülettünk, és ezt igenis teljesíteni kell. Ahogy a mondás tartja: annyi nehézséget ró rád az élet, amennyit elbírsz, se többet, se kevesebbet. Sokszor azt mondják, az erős embernek mennyire jó. Az erős embernek a legnehezebb, mert erősnek titulálják, és emiatt még nehezebb, még nagyobb feladatokat ró rá az élet.

Tehát a változás, a fejlődés mindig nagyobb és nagyobb nehézségekkel jár. Mint amikor a súlyemelő elsőre még kisebb súlyt emel, de ahogy egyre ügyesebb lesz, egyre többet gyakorol, egyre jobban fejlődik, egyre inkább megy neki a kisebb súly, jöhet a következő, nagyobb súly. Ugyanígy van ez az életben is. Nagyon sok olyan szituáció, eset van, amikor azt mondja az ember, hogy mindent megteszek, folyamatosan fejlesztem magam, tanulok, képzem magam, tapasztalatokat szerzek, tényleg mindent megteszek – és egyre rosszabbnak, kilátástalanabbnak tűnik az életem. Pont ez az. Mert ami egy évvel ezelőtt még nehézség volt, az jelen pillanatban, a mostani fejlettségi szintemen – ha én folyamatosan foglalkozom ezzel és folyamatosan fejlesztem magam – már gyerekjáték lenne. Nyilván akkor jön a még nehezebb feladat stb. Kisiskolásként még a betűk is problémát jelentenek, aztán később már eszünkbe sem jut, hogy az az A betű miért pont úgy néz ki, és hogy az egy A betű, egyszerűen csak ránézünk és tudjuk, hogy az egy A betű. Szavak, mondatok, vagy hosszú szövegek tudnak teljesen egyértelművé és nyilvánvalóvá válni. Nagyon fontos ezt megérteni.

Soha nem kizárólag az oktatások általi tanulásra gondolok, hanem arra, hogy mindenki egy bizonyos energiakészlettel születik; olyan készségek és képességek birtokában van, melyek az ő ezen életbeli boldogulását és feladatát segítik, és ezekre kell helyezni a fókuszt, ezeket kell tökéletesíteni. Nem csak akkor lehetsz sikeres, ha rengeteg papírod van arról, hogy megtanultál dolgokat – akkor lehetsz, ha ismered önmagad, ha tudod, mire vagy képes, s mered azt hasznosítani és megmutatni a világnak.

Sokszor a káosz szüli a rendet, tehát a sorsnak mindig fel kell kevernie az állóvizet, hogy adja a még és még nagyobb feladatokat azért, hogy haladni tudjunk a cél felé, és hogy egyre inkább fejlődjünk, egyre nagyobb dolgokat tudjunk létrehozni. Ez működik. Használni kell tudni a segítő erőket, és meg kell tanulni kérni a segítséget!

TE A SAJÁT UTADON JÁRSZ?

Van egy idézet, amit nagyon szeretek: „A tegnap történelem. A holnap rejtelem. A ma adomány". Nagyon sokat gondolkodtam ezen az idézeten, nagyon közel áll a szívemhez, ugyanis mindig fejtegetni akarjuk a múltunkat, hogy mi miért történt, hogy hogyan lett volna jobb, vagy szebb, vagy más. De ez már történelem. Egyszer azt mondta nekem valaki, hogy ne foglalkozzak azzal, mi történt tegnap, miben voltam jó tegnap, vagy mit rontottam el tegnap, mert azt már a régészek kutatják. Ez így van. Az, hogy mi lesz holnap? Ha folyamatosan félelemben tartod magad, ha rettegsz attól, hogy mit rontottál el a múltban vagy mit fogsz majd elrontani, vagy milyen dolgok lesznek majd az életedben, amik negatívan hatnak rád, akkor soha nem tudod megélni a jelent, akkor nincsen mai napod.

Van egy nagyon érdekes dolog: amikor kisgyerek vagy, még nem gondolkozol negatívan, még nem nyelt be téged maga a társadalom, az elvárások, hogy meg akarj felelni másoknak, hogy mindenki megmondja, neked mi lesz a jó. Ha azt kapod, amit szeretnél, az sem lesz jó neked, de ha azt kapod, amit nagyon nem szeretnél, az pedig végképp nem lesz jó neked. Ez a szenvedés állapota. Folyamatosan szenvedsz.

A kisgyerek még nem szenved; ő tudja, hogy mit akar, és elhiszi, hogy ha van egy kívánságlistája a Jézuskához, akkor ő azt meg fogja kapni a fa alá. Nem nézi, hogy az mennyibe kerül, hogy van-e pénze rá a szüleinek. Nem is gondolkodik azon, hogy vajon mennyi pénzt kell keresnie a Jézuskának, hogy minden gyereknek jusson. Nem foglalkozik ezzel. Azzal foglalkozik, hogy mi az, amit akar. Igenis képes arra, hogy akár reggeltől estig duruzsolja a szülei fülébe – vagy bárki fülébe –, hogy ő ezt akarja. Amikor gyerek vagy, van egy elképzelésed arról, hogy mi szeretnél lenni, ha felnősz. Ha leülsz egy pillanatra és átgondolod, hogy mi szerettél volna lenni, amikor gyerek voltál, nézd meg, hogy ehhez képest most mivel foglalkozol.

Nagyon sok olyan ember van, aki dolgozik, de azért dolgozik, mert kell. De ott van a „kell" szó, és ez erőltet. Ez ugyanúgy szenvedés, mert kell, mert ki kell fizetni a számlákat, mert dolgozni kell, mert előbbre kell jutnom, mert ezt fizetik meg, mert nekem csak ez jár, nekem csak ennyi jár. Mások is elhitetik veled, hogy neked csak ennyi jár.

De ennek nem kellene így lennie, mert te tudsz dönteni a saját életedről, senki más. Mindig a te kezedben van a döntés. Lehet, hogy valaki azt mondja neked: ugyan már, ebből nem lehet megélni, bolond, aki ezzel akar foglalkozni. De ő hazamegy és éli az életét, neked pedig ottmarad az a vágy, amivel szeretnél foglalkozni, mégse azt teszed. Ezért nehezen kelsz föl, mert nem érzed magad jól a bőrödben, nem önmagadat éled, nem a saját utadon jársz. Nézd meg, hogy mi az a dolog, amit nagyon szeretsz csinálni, vagy mi az a feladatkör, amit szívesen csinálnál, függetlenül attól, hogy azt megfizetik vagy sem, vagy butaságnak tűnik, vagy, hogy ki mit mond vele kapcsolatban. Nézd meg, milyen képességeid, készségeid vannak, miben vagy jó.

Rakd össze ezt a három dolgot: Mi akartál lenni gyerekkorodban (ha emlékszel)? Milyen képességeid, készségeid vannak? Mi az, amit most szeretnél szívből csinálni? Ha ezt a hármat összerakod, akkor ki fog alakulni egy kép, látni fogod, hogy mi az az út, mi az a cél, ahova tartanod kell, ahova haladnod kell. Itt a „kell" már pozitív, mert ez egy belső késztetés, és nem kívülről kötelez rá bárki, hogy ezt muszáj. Hidd el, hogy akkor azt fentről sokkal magasabb erők is támogatni fogják.

Én kívánom, hogy álljatok rá a saját utatokra, és foglalkozzatok azzal, amit szerettek. Legyen a munkátok a hobbitok egyben, és onnantól boldogok lehettek. Higgyétek el nekem, hogy fentről támogatni fogják. Csak egyszer kell meglépni, csak merni kell meglépni. Higgyétek el, hogy sikerülhet.

MEG MERED-E LÉPNI?

Hallottatok már a döntéselméletről? Rengeteg definíciója van. Én kiválasztottam kettőt, ami szerintem a legfontosabb. Az első: egyetlen ember van, akinek irányítani tudjátok a cselekedeteit, és az saját magatok vagytok. A második: az egyetlen igaz dolog, amit átadhatunk másoknak, az az információ.

Szeretnék átadni most nektek néhány információt, néhány gondolatot az élettel kapcsolatban, az élet megélésével kapcsolatban, és az önfejlesztés fontosságával kapcsolatban.

Nagyon sokan úgy élik az életüket, hogy inkább túlélnek, mint élnek. Reggel nehezen kelnek fel, fáradtan, és azt gondolják, azért, mert valami fárasztó: a munka, a család. Mindig megtalálják, mi az, ami fárasztja őket – például keveset aludtak. De a valóság: azért kelünk fel fáradtan, mert nem szeretjük az életünket. Nem szeretjük, amit csinálunk. Nincsenek konkrét céljaink, és nincs motivációnk. Gondoljatok bele, amikor szerelmesek vagytok, röpködtök a boldogságtól és akár éjszakákat át tudtok beszélgetni szerelmetekkel, és utána is tudjátok tenni a dolgokat. Miért? Mert jó a motiváció és megvan a cél.

Vannak emberek, akik mindig másban keresik, mástól várják azt, hogy majd jobb lesz az életük. Vannak olyan kapcsolatok, ahova beérkezik egy harmadik, de az emberek nem mernek kilépni a már jól megszokott kapcsolatukból. Önmaguknak is sokszor hazudnak azzal, hogy milyen kifogásokat tudnak keresni és gyártani azért, hogy miért nem lehet változtatni, miért nem tudnak változtatni. Közben csak keresik a felelősöket. Mindig mást tartanak felelősnek a boldogtalanságukért. Ez lehet, hogy könnyűnek tűnik, és ez a könnyebb, de saját magatoknak, saját magunknak fáj, saját magunknak okoz negatív pillanatokat, vagy akár egy negatív életet, és nem azoknak az embereknek, akiket felelőssé teszünk, vagy azoknak a dolgoknak, amiket felelőssé teszünk.

Önmagunkat kellene fejlesztenünk, mert a kulcs mindig önmagunkban van. Tudjuk tréningezni az agyunkat, hogy pozitívan gondolkodjon. Minden egyes negatív gondolatot át tudunk fordítani pozitívvá, hisz' megtanultuk. Tudjuk beszélni a saját nyelvünket. Ezáltal ha valamit el tudunk mondani, át tudunk gondolni pozitívan, akkor miért kell negatívan? Sokan nem szeretnének kilépni a komfortzónájukból. Ez olyan, mint egy megszokás, egy függőség. De nem lehet csak egy kicsit leszokni egy függőségről: vagy leszokom arról a függőségről, vagy benne maradok. Sokan tudatmódosító szereket használnak – az alkohol is az, vagy az édesség is akár. Tehát nem kell itt a legnehezebbekre vagy a legillegálisabbakra gondolni. Vagy vannak, akik inkább átalusznak napokat, hogy ne kelljen a saját valóságukat élni, mert az fájdalmas. De ezzel egy akkora kincset vesznek el önmaguktól – nem mástól, önmaguktól –, ami nem más, mint az idejük. Mert minden egyes átaludt, vagy bármilyen tudatmódosítóval vagy kompenzációval megélt pillanat elvesz egy boldogságpillanatot az életünkből – egy valódi boldogságpillanatot. Mert az említettek nem a valódi boldogságot hozzák. A valódi boldogság abban rejlik, hogy tudom, mit akarok. Tudom, merre haladok, és igenis teszek érte. Ez nagyon nehéz, én soha nem mondtam, hogy könnyű. Viszont azt mondom, hogy egy olyan ajándék vár az út végén, ami mindent felülmúl: a saját boldogságod. Az, hogy megtanulod megszeretni saját magadat és a saját életedet. Nem másokban keresed, nem ragaszkodsz másokhoz, és nem azért maradsz benne akár egy kapcsolatban, mert attól a másiktól várod azt, hogy majd jobb lesz az életed, mert akár anyagilag, akár bármilyen szinten függésben tartod magad tőle. Azt elfelejtjük, hogy ez a döntés nem csak a miénk; nem csak én dönthetem el, hogy én benne maradok. Itt kettőn áll a vásár. A másik ember is dönthet bármikor úgy, hogy ő nem marad benne, és ez frusztrációt okoz neked, aki belőle szeretnéd kinyerni a boldogságodat. Igazából csak elkezdeni nagyon nehéz. Elkezdeni maga a felismerés, hogy nem más a felelős az életemért, nem más felelős a jelenemért.

A jelenem, a jelenünk a múltbéli döntéseink és cselekedeteink eredménye. Ha adósságaink vannak, az a mi múltbéli döntéseink eredménye. Ha nem vagyunk boldogok egy kapcsolatban, de benne vagyunk, az a mi döntéseink következménye. Ha nem érezzük jól magunkat a bőrünkben, az a mi múltbéli cselekedeteink következménye. Mindenki azonnal várja a változást. De hogy várhatunk azonnal változást? Ha most, ebben a pillanatban azt mondom, igen, én most elkezdem fejleszteni önmagam, és igenis egy reális, konkrét célt fogok magamnak meghatározni és egy jó motivációt hozzá, és kitartok, összeszorítom a fogamat, akkor is csak a jövőben lesz ennek eredménye, nem ma vagy holnap. Ez idő. Ilyenkor szoktak az emberek elfáradni, elfogy az erő, és inkább benne maradnak a megszokott rosszban, mert az könnyebb.

De mennyivel jobb, ha haladunk egy cél felé, használjuk az erőnket és megkaphatjuk a jutalmat érte: egy szabad és boldog életet? Azt gondolom, mindenki erre vágyik mélyen, legbelül, bárhogy is gondolja. Amíg negatívan tudja gondolni, addig igenis pozitívan is tudja. A pozitív gondolkodás nem azt jelenti, hogy repkednek körülöttem a pillangók, minden happy. Jöhetnek a csekkek, nem fizetek be semmit, mert én pozitív vagyok. A pozitív gondolkodás csak arról szól, hogy én hogyan állok hozzá a saját életemhez, hogy én milyen megéléssel élem meg a saját életem történéseit és eseményeit. Ugyanúgy jönnek a negatív dolgok, csak nem rekedek benne, hanem igenis összeszedem az erőmet és keresem a megoldást.

Nem a problémára fókuszálok, hanem feladatként tekintek rá, és keresem a megoldást. Mert ami feladat jöhet, arra mindig van megoldás is. Igazából ha összefoglaljuk, amire szükség van: rád, önmagadra, egy jó és konkrét célra, és egy jó motivációra. Akár melléd valakire, aki fogja a kezed és nem engedi el, amíg el nem éred a szabad és boldog életet.

Ti mertek változtatni? Meg meritek lépni? Eljött az ideje. Minden egyes nappal egy nappal távolabb kerülsz a célodtól és a boldogságodtól, amíg nem lépED meg. Én mindannyiToknak azt kívánom, hogy legyen elég erőtök és lépjétek meg: nem értem, nem másokért, önmagatokért.

MOTIVÁCIÓ A JOBB NAPÉRT

Emlékezz vissza, gondolj vissza arra, hogy keltél fel maga reggel, milyen érzésekkel keltél fel, és ahhoz képest hogy alakult a napod. Az első 5 másodpercben el tudod dönteni azt, hogy milyen lesz az egész napod. Mert függvénye. Ez olyan, mint egy találkozás, amikor életedben először találkozol valakivel, 5 másodperc alatt eldől, hogy szimpatikus-e vagy sem. Ugyanígy reggel, amikor felkelsz és kinyitod a szemed, az első 5 másodpercben el tudod dönteni, hogy neked az az adott nap „szimpatikus" lesz-e, avagy nem, hogy jól fogod-e érezni magad a bőrödben, avagy nem. Csak tőled függ, senki mástól. Egyedül te döntheted el. Önmagadban, önmagaddal lehetsz annyira jó, hogy „igenis egy jó napot fogok megélni". Lehetsz az az ember, aki a hátsó kertben keresi a négylevelű lóherét, míg elöl csönget a szerencse. Így soha nem fogtok találkozni.

Te döntöd el, a te saját, személyes döntésed az, hogyan életed az életed. A pozitív gondolkodás nem arról szól, hogy nem foglalkozom a negatívval és nem történik velem semmi negatív. Dehogynem! Az fejleszt, mert folyamatosan történnek a dolgok. Teljesen mindegy, hogy éppen aktuálisan miért szenvedünk – mert párkapcsolati problémánk van, mert munkahelyi, anyagi gondjaink vannak, vagy egészségügyi problémáink vannak. Vagy egyszerűen csak azt érezzük, hogy „szar" az egész élet.

Az élet egy csoda. De ez tőled függ, a te megélésedtől, hogy te miként értékeled, hogy hálás vagy-e dolgokért, hálás vagy-e azért, hogy reggel kinyithatod a szemed. Hálás vagy-e azért, hogy ha ma nem sikerül megtenned, hogy pozitívan állj ahhoz a naphoz, lelkesen indulj el a napodra, akkor újra és újra van lehetőséged addig csinálni, amíg nem lesz tökéletes. Ez egy csoda, de rajtad áll, hogy ezt a csodát elfogadod, vagy csak keresgélsz a hátsó kertben.

Van egy vicc. (Pocsék vagyok viccmesélésben és biztosan nem tudom szó szerint előadni, de nagyon szeretem ezt a viccet.) Ez arról szól, hogy van egy falu, ahol árvíz van. A helyi pap a templomban imádkozik. Mennek érte a hívek gumicsónakkal, hogy jöjjön, mert meg fog fulladni, mert elárasztja a víz a templomot és itt fog meghalni. „Ugyan, gyermekeim! Én imádkozom az én Istenemhez, és majd az én Istenem meg fog engem védeni, és én nem fogok meghalni." Elmennek a hívek, otthagyják. Már feljön jó magasra a víz, szinte a toronyig ér, a pap még mindig imádkozik. Persze, mászik fölfelé, megy a lépcsőkön, már a harangon lóg. Mennek érte motorcsónakkal. „Atyám, jöjjön, ez már nem játék! El fogja lepni az egész templomot a víz, és meg fog fulladni." Erre azt mondja a pap: „Nem, én imádkozom az Istenemhez, és ő meg fog engem védeni. Egész életemben őt szolgáltam. Soha nem tettem semmi rosszat, miért kéne, hogy meghaljak? Ti csak menjetek, óvjátok magatokat. Minden rendben lesz." Otthagyják. Már a templom csúcsán lóg a pap. Látják a hívek, hogy ez már fele se tréfa, meg fog fulladni. Repülővel mennek érte. „Atyám, ez most már az utolsó lehetősége. Leeresztjük a kötelet és másszon föl rá, mert itt fog megfulladni." „Nem, én most is imádkozom az én istenemhez, mert engem meg fog óvni, engem meg fog védeni, mert egész életemben őt szolgáltam." Megfullad a pap. Halála után találkozik Istennel, és megkérdezi tőle: „Istenem, miért tetted ezt velem? Egész életemben téged szolgáltalak. Imádkoztam végig, hogy ne történjen semmi bajom. Otthagytál engem megfulladni." Erre visszakérdez Isten: „Mit gondolsz, a gumicsónakot, a motorcsónakot, a helikoptert ki küldte?"

Kérdezd meg magadtól: „Küldenek-e nekem – akár Istenben hiszel, vagy az Univerzumban, vagy bármiben –, amikor ott vagyok és éppen fuldoklom, új csónakot vagy helikoptert?".

Ha igen, te beszállsz-e, vagy továbbra is úgy gondolod, hogy minden úgy van jól, ahogy azt te csinálod? Hátradőlsz, hogy majd a csoda megtörténik?

Ahhoz, hogy megtörténjen a csoda, semmi más nem kell, csak te magad. Hogy te magad eldöntsd, hogy igenis a te életedben mától fogva csodák fognak történni, és igenis be fogod bizonyítani – nem másoknak – önmagadnak, hogy képes vagy arra, hogy egy csodálatos életet élj. És ha jönnek a negatívumok, akkor el tudod dönteni azt, hogyan éled meg azokat. Ugyanaddig tart pozitívan megélni, mint negatívan. Te választasz!

Én kívánom nektek, hogy döntsetek jól, élvezzétek az életeteket, és találjátok meg a csodát a mindennapokban, az apróságokban. Ahogy egyre jobban megtaláljátok, és egyre többet megtaláltok, higgyétek el, egyre nagyobb csodák fognak megtalálni titeket.

A CÉLOK MEGHATÁROZÁSA

Egy jó cél megfogalmazásánál elég sok dolgot érdemes tisztázni önmagunkban.

Az első és legfontosabb, hogy sokan összekeverik a célokat a vágyakkal. Nagyon sok ember képtelen arra, hogy egy igazi és konkrét célt meg tudjon fogalmazni. Sokan úgy gondolják, hogy cél lehet a boldogság vagy a jókedv, esetleg az adott életérzés. De ezek nem célok, ezek vágyak, ez csupán álmodozás. Vágyom a boldogságra, de az nem maga a cél. Az már előfordul – sőt, általában így van –, hogy a konkrét és jó célunk megvalósulása örömet és boldogságot hoz számunkra, de itt a boldogság „melléktermék", nem pedig a konkrét cél.

Ahhoz, hogy egy konkrét célt meg tudjunk határozni és fogalmazni, lépésekben kell haladnunk.

Az első és legfontosabb lépés: konkretizálni az elérendőt: például egy családi ház, egy harmadik emeleti lakás, egy kutya, egy igazgatói pozíció egy konkrét munkahelyen, esetleg 10 millió 616 ezer 614 forint. Ez így egy konkrét cél.

A második lépés: tisztázni kell azt, hogy mikorra akarom én ezt a célt elérni. Nem majd egyszer, majd ha ez vagy az lesz, jövőre stb. Konkrétan meg kell határozni: pl. 2021. június 1-ére. Tehát időpontot kell hozzáadnunk. Utasításként kell kezelnünk, mert a felsőbb erők csak úgy tudnak minket segíteni, ha konkrétan tudjuk, mit akarunk, és mikorra akarjuk azt.

A harmadik nagyon fontos lépés: a részcélok meghatározása, mert egy nagyobb célnál mindenképp kell, hogy legyenek kisebb részcélok, amik hozzásegítenek a nagy cél megvalósításához. Nem kezdhetjük a családi ház célját azzal, hogy családi ház. El kell kezdenünk onnan, hogy egy telek, a ház alapja, a körbekerítése, aztán a ház felépítése, majd a berendezése stb. Részcélokra kell bontanunk a nagy célunkat, és a részcéljainkat is konkretizálnunk kell, és ezeknek meg kell adnunk a határidejét.

A negyedik lépés: meg kell határoznunk az ehhez elvégzendő feladatokat. Ez a tervezés nagyon fontos része. Tehát ahhoz, hogy én egy telket tudjak vásárolni, ajándékba kapni, egy telekhez tudjak jutni, ahhoz jelen pillanatban mi áll rendelkezésemre. Megvizsgálom az eszköztáramat és megnézem, ahhoz, hogy ezt megkapjam, ez a cél, részcél elérhetővé váljon, mire van szükségem. Ezt követően konkretizálom, hogy amire szükségem van, azt milyen lépésekkel, tettekkel tudom megvalósítani, megszerezni, beszerezni.

Az ötödik lépés: megvannak a feladatok, azokat is időrendi sorrendben bele kell helyeznem a célhoz vezető útba. Itt is – konkrét időpontokkal ellátva – meg kell határoznom, hogy melyik lépést mikorra és hogyan kívánom megvalósítani.

A legutolsó lépés pedig az – ha már egyben látom az egészet, pontról pontra, lépésről lépésre a részcélokat, a feladatokat –, hogy elhatározom, mikor fogok ennek nekiállni, és ténylegesen akkor neki is kell állnom. Mintha önmagam főnökeként adnám magamnak az utasításokat, be is kell azokat tartanom.

Tudnunk kell, hogy senki nem garantálja, és nem biztos, hogy arra az időpontra, amikorra azt megterveztem, mindent el fogok érni, de még mindig jobb egy időpont felé haladni és közben látni, hogy az a dolog nem úgy működik, és azt áttervezni, mintha el sem kezdem, csak folyamatosan álmodozom róla. Amíg csak álmodozom róla, addig az csak egy vágy, egy álom, és soha nem az igazi célom. Ameddig nincs meg az igazi célom, addig nincs meg hozzá a motivációm. Természetesen ha nincs meg hozzá a motivációm, akkor nincs meg hozzá a tetterőm, és ilyenkor mindig csak egy illúzió marad.

Érdemes rálépni a tettek mezejére: elővenni a papírt, a füzetet, a határidőnaplót, a naptárt, és konkrétan elkezdeni megtervezni a saját életünket, és ezen belül a konkrét céljainkat részcélokkal és feladatokkal.

Ez a kulcsa egy sikeres életnek.

Konkrét célom: (Mi a cél – konkrétan –, mikorra)

Részcélok: (Mik a részcélok és mikorra)

A célomhoz és részcélomhoz mi szükséges és mi van meg belőle (tehát a szükséges oszlopba be tudod írni, hogy mi szükséges, a megvan/hiányzik oszlopba pedig, hogy az megvan vagy hiányzik még):

szükséges   megvan/hiányzik

Elvégzendő feladatok: (mik és mikorra, az alapján, hogy mik azok a dolgok, amik még hiányoznak)

Mikor kezdek neki:

KARMA ASZTROLÓGIAI BETEKINTÉS

A születési képletünket úgy hívjuk, hogy radix. Ez azt az égboltbeli képet mutatja, mintha abban a pillanatban és percben, amikor megszületünk, lefényképeznénk az eget, és amit akkor az ég tartalmaz éppen, ahol állnak a bizonyos bolygók, kentaurok, csillagok stb. Mindennek van jelentése, és ezen jelentések mentén haladva folyamatosan analógiásan gondolkodunk. Analógiás gondolkodás alatt azt értem, hogy mindennek, aminek van egy jelentése, annak van más általi, ugyanolyan jelentése is. Ha az adott jelentés alapján kellene haladnunk, mert az a feladatunk, akkor meg lehet találni, hogy milyen módszerekkel tudjuk azt megvalósítani, amelyeken keresztül ugyanazt tudjuk elérni. Maga a radix tartalmazza a tervet. Tehát mielőtt leszületünk, a lelkünk megtervezi azt, hogy milyen életet kíván élni, mit szeretne megtanulni, megtapasztalni, mik azok a dolgok, amiket előző életeiből már nagyon tud, szeretne használni most; mik azok a dolgok, amiket eddig nem sikerült elsajátítani és most ezt az életet választotta arra. Ehhez megfelelő szülőket, társakat, barátokat, munkatársakat, párkapcsolatokat keres, akikkel ezeket a terveket, úgy gondolja, hogy teljesíteni tudja. Nem létezik rossz képlet, tehát olyan nincs, hogy valakié rossz, valakiénél több, valakiénél kevesebb a feladat. Ha egy ember eszerint halad, tudatosan tudja élni az életét. Nagyon jó módszer a karma asztrológia, általa kaphatunk egy használati utasítást önmagunkhoz.

Ha valaki a „használati utasítás" szerint éli az életét, akkor sokkal könnyebben működik, gyorsabban tud haladni, kevesebb az akadály, minden gördülékenyebb. Úgy kell ezt elképzelni, mint például amikor valaki össze akar rakni egy új szekrényt. Ha nézi az útmutatót és pontról pontra halad, akkor sikerül összerakni azt a szekrényt. Vagy úgy is össze lehet rakni, hogy nem követjük az utasítást, nekiesünk, és elkezdjük összerakni – csak lehet, hogy a végére egy asztal lesz a szekrény helyett, és kezdhetjük előről. Aztán próbálkozni kell, amíg nem az a szekrény lesz belőle, amit a boltban megláttunk, amit megvásároltunk, és aminek az összerakási útmutatóját nem vettük figyelembe.

Meg tudjuk nézni, milyen a személyiségünk, milyen készségeink és „hozott" tudásunk van, mik a feladatok, mi a szellemi feladat, mi a lélek feladata, milyen a személyiség, mi az életcél, mi a kötelező feladat, honnan jöttünk, mit hoztunk, hova tartunk, és még számtalan hasznos információt önmagunkkal kapcsolatban. Ha az ember eszerint halad, akkor sokkal könnyebben tudja teljesíteni a feladatát. A lényeg, hogy többnyire mindig az A-ból a B-be fogunk eljutni. Azonban nem mindegy, hogy az úton kígyózva jutunk el, egy csomó akadállyal megküzdve, vagy sokkal egyszerűbb úton.

Amit még fontos tisztázni, hogy létezik az én törvénye – ezek a bármikor megváltoztatható dolgok –, és van a közösség törvénye: ha a közösség engedi a dolgokat megváltoztatni, akkor az is változtatható. Van az Univerzum törvénye, amit nem lehet megváltoztatni. Pl. az én törvénye, hogy én el tudom dönteni, ha találkozom valakivel, hogy tetszik-e vagy sem, szimpatikus-e vagy sem. Az én törvénye a szabad akarat, és van rengeteg olyan esemény, amikor a szabad akaratommal haladhatok az életemben, de ez akkor tud működni, ha az én törvényének megfelelő, azaz ténylegesen rajtam múlik csak.

A közösség törvénye – ha maradunk az előző példánál – pedig, hogy én eldöntöttem, hogy tetszik a másik és szeretnék vele közelebbi kapcsolatot létrehozni, de ahhoz, hogy ez létrejöjjön, kell az, hogy ő is akarja. (Ketten is közösséget alkotunk, és nem csak tőlem és a döntésemtől függ a további kapcsolódásunk.) Vagy pl. bekerülök egy csoportba, és ott vannak bizonyos pozíciók, és én csak abból választhatok. Tehát tegyük fel, bekerülök egy jógacsoportba, és ott nem tudok szakács lenni, hiába is akarok, mert az én törvénye akarja, de az adott közösség az a jógások közössége, és a közösség törvénye alapján születik döntés, nem az alapján, hogy az én mit akar. Az Univerzum törvényére nagyszerű példa a szerelem: erre nem tudok hatni. Nem tudom eldönteni, hogy holnap bele fogok szeretni az első szembejövőbe, de azt sem, hogy biztosan nem fogok beleszeretni. Az Univerzum törvényét kvázi kötelező betartani, mert ha magamtól nem tartom be, az élet rá szokott kényszeríteni. Hiába van szabad akaratom, ezt nem tudom megváltoztatni. Könnyebbé tudom tenni, el tudom fogadni, de megváltoztatni nem tudom.

Az asztrológiának 4 alappillére van. Ezek közül az első az asztrológiai jegyek. 12 asztrológiai jegy van. Ez a kossal kezdve a halakkal bezárólag, ahogy azt újságokban biztosan szoktad itt-ott látni, horoszkópként megjelenítve. Ezek a jegyek – bika, oroszlán, ikrek stb. – felosztották a 360 fokos kört (radix kör) 30 fokokra. Egy jegy 30 foknyit jelöl, így jött ki a 12 jegy. Ha a radixra úgy tekintünk, mint egy színdarabra, akkor a jegyek maguk a saját tulajdonságaival rendelkező szereplők.

A második alappillér az égitestek, amelyek a bolygók, az aszteroidák, a kentaurok, az állócsillagok. Az égitestek a színdarabban a díszletet szimbolizálják. Például a mesében – ha azt tekintjük színdarabnak – a főhősnek van varázspálcája, ami segít neki, ha bajba jut, de bekerül egy sűrű erdőbe, ahol akadályt jelent neki a sok fa, indák stb. Tehát a díszlet lehet segítő és korlátozó, attól függ, melyiket vizsgáljuk. Példámban a díszlet a pálca, a fák, az indák stb.

A következő alappillér a házak, 12 ház, 12 életterület. Ahogy a jegyek esetében, itt is 12 részre fel van osztva a kör. A házak a színdarabot nézve a színhelyek, tehát mutatják, hogy hol játszódnak az események.

A negyedik a fényszögek. Szintén a 360 fok van felosztva, és bizonyos bezárt szögek alkotják a fényszögeket. A jegyek tulajdonságaira visszavezethetők a fényszög-tulajdonságok. Ez magát a szereplők közti kapcsolatokat mutatja. Azaz lehet egy kapcsolat nehezített, könnyített, karmikus, ikerláng, nagyon sokféle.

A különbség a tradicionális asztrológia és a karma asztrológia között, hogy míg az első az ezen életünket vizsgálja a születéstől a halálig, addig a második előző életekbe visszanyúlva, sokkal több fényszöggel, aszteroidával, kentaurral, állócsillaggal vizsgálódik, tehát egy mélyebb elemzést tud adni a kérdező számára önmagával kapcsolatban.

Ne ijedj meg, nem asztrológiai oktatást fogok tartani, ezzel itt a bevezetést le is zárom, csak fontosnak tartottam, hogy ezzel kezdjük.

Szeretném bemutatni teljesen közérthető nyelven az asztrológiai jegyek néhány tulajdonságát a teljesség igénye nélkül, valamint azt, hogy melyik jegyhez milyen feladat társul. Ahol a születésünk pillanatában elhelyezkedik a Nap (amelyik jegyben), azzal a jeggyel kapjuk meg a szellemi feladatunkat. Ehhez nem szükséges semmilyen asztrológiai tudás, annyit kell tudni, hogy melyik hónap hányadik napján születtél. Amely jegyhez az a dátum tartozik, most arról fogok mesélni. Minden jegynek van három szintje, három szinten lehet élni (megélni): alsó, középső és felső, és a cél mindenképpen az lenne, hogy a legfelső szinten sikerüljön teljesíteni. Nem szabad elkeseredni, ha valaki úgy látja, hogy alsó vagy középső szinten éli az életét, hisz fejlődni jöttünk, ott a feladat, hogy hova célszerű tartani.

Bemutatom mind a 12 asztrológia jegy, mindhárom szintjét. Ezzel szeretnék egy kis segítséget nyújtani, a „használati utasítás" egy részét átadni, hogy amennyiben úgy érzed, hogy akarod alkalmazni, akkor könnyíteni tudsz az életed egy részén.

Az asztrológiai (horoszkóp) jegyek, és hozzájuk tartozó kezdő és végződő dátumok:

Kos: március 21 – április 20-ig
Bika: április 21 – május 21-ig
Ikrek: május 22 – június 21-ig
Rák: június 22 – július 22-ig
Oroszlán: július 23 – augusztus 23-ig
Szűz: augusztus 24 – szeptember 22-ig
Mérleg: szeptember 23 – október 23-ig
Skorpió: október 24 – november 22-ig
Nyilas: november 23 – december 21-ig
Bak: december 22 – január 20-ig
Vízöntő: január 21– február 19-ig
Halak: február 20 – március 20-ig

Az asztrológiai jegyem, melyben a Napom volt található a születésem pillanatában (ide be tudod írni a születési hónapod és napod alapján):

KOS JEGY, ÉS FELADATA

A Kos maga a lendület, a cselekvés, a harciasság. Megy neki mindennek, igazi vezető, olyan dandártábornok típusú vezető, ha el akar érni valamit. Önérvényesítő. A Kosnak nagyon fontos tanulnivalója ebben az életében a türelem és a kitartás. Igaz, kedves Kosok, sokszor hallhattátok már ezt a két szót, amit nagyon nem szerettek. A Kosnak ezt meg kell tanulnia, mert nagyon nehezen tudja uralni magát, nehéz az önuralom számára, ezért rombolhat maga körül, elveszíthet fontos barátokat, családtagokat. Egy idő után úgy érzi magáról, hogy túl sok, túlzottan harcias, ezért vissza kell vennie. Nagyon jó a szervezőkészsége, és tele van energiával.

A Kos, ha alsó szinten van, akkor ő az „erőszakos", olyan igazi erőszakos kos: mindent ösztönösen cselekszik, nem érdekli semmi és senki, csak megy „a maga feje után". Ha legalább szabad akaratból tenné, de ezen a szinten nem a szabad akarat a kérdés, a legalsó szinten szóba sem kerül a józan megfontolás, az önuralom. Az indíttatás nála nem belülről fakad. Bármilyen külső kényszer vagy vészhelyzet adódik, ő megindul, illetve ami felkelti a vágyát, megszerzi, akár az élete árán is. A Kost, ha előreküldik, előremegy, sőt sokszor küldeni sem kell: megy magától előre a vesztébe. Tehát többnyire valamilyen külső hatás által cselekszik, és nem belső erő vezeti.

Kedves Kos! Ha magadra ismertél, itt az ideje fejlődni, tanulni a türelmet, önuralmat, kitartást. Nem úgy működnek a dolgok, hogy „vártam már eleget, mit érdekel engem, lépek tovább, nem érdekel a többi". Figyeljen oda a Kos, hogy ne égesse fel maga mögött a hidakat, mert soha nem tudhatja, hogy mikor lesz újra szüksége rá.

A Kos középső szintje a „vállalkozó", a kezdeményező és szervező, minden, ami kezdeményezés és szervezés. Amit eltökélt, azt véghezviszi. Itt az a különbség, hogy nem a belső előrejutás a cél, sem nem valaki ráhatása miatt cselekszik, nem azt akarja elérni, hogy ő fejlődjön, hanem mindig valami fizikai cél van – „megveszem azt az autót, telefontokot, én akkor is elérem, hogy én legyek valamiben az első". Teljesen mindegy, milyen áron. Igazából itt már nem az a nagyon vadság és erőszakosság a jellemző rá. Mégis az a felfogása, hogy majd előremegy, és nem számít, ha lelövik, a lényeg: ő a Kos. Úgy tűnhet, hogy ura az akaratának, de ez csak a látszat.

A Kos felső szintje a „vértanú", a szabad akarat. Idáig kellene eljutnia a Kosnak. A Kos szabad akarata szerint cselekedjen, ne külső kényszer hatására, csak azt, amit ő szeretne – minden játszmától, taktikától, mindentől mentesen. Legyen igazi vállalkozó, igazi hittérítő, akinek van egy mély belső hite, és azt viszi mindenen keresztül. Lépten-nyomon „téríti" meg az embereket, mert amiben ő hisz, az a jó, és amerre megy, kürtöli mindenfelé. Ezen a szinten ő az önfeláldozó, aki feláldozza önmagát, de nem azért, hogy ettől nagyobb legyen, vagy azért, mert egy külső kényszer akarja így, vagy mert valamilyen megfogható dolog megszerzése hajtja. Ez belülről jön neki. Ez az igazi szabad akarat, amikor mindentől függetlenül, a saját belső akarata szerint cselekszik, és azért, hogy belül jobban érezze magát a bőrében. Nem azért, hogy ki mit mond, megfelel-e, nem-e. Csak belülről, és ezáltal ő szabaddá válik. A saját vágyai, a fizikai ingerek itt már nem játszanak. Ez már nem a saját vágyairól szól, hanem hogy belülről fejlődjön, és másokat is segítsen fejlődni.

A Kos mindenképpen harcos marad, az ügy a fontos, amiért harcol.

Sok sikert, kedves Kosok!

Melyik szintre sorolom mostani életem alapján magamat:

Mit kell tennem, hogy a középső szintre jussak, illetve a felső szintre tudjak lépni:

_____

_____

_____

_____

Mit kell tennem, hogy a felső szintre jussak, illetve azon is tudjak maradni:

_____

_____

_____

_____

BIKA JEGY, ÉS FELADATA

A Bika jegy birtokló. A Bikának nagyon-nagyon fontos, hogy valamit felépítsen, legyen valamije. Teremtsen. Alkosson. Nagyon türelmes, különösen kitartó, nyugodt. Mindent óriási nyugalommal csinál, és közben a biztonságra törekszik. Megbízható. Gyakorlatias. Ha megfigyelünk egy Bika jegyűt, azt tapasztaljuk, hogy szépen lassan, komótosan eszik, még szünetet is tart közben, de megeszi az utolsó falatig. Fontos számára, hogy mindennek megadja a módját, és ez megfontoltan, tökéletesen történjen. Tanulnivalója, hogy megtalálja a középutat a megtartás és az elengedés között, valamint, hogy a megrögzött szokásait le tudja tenni

A Bika jegyűek nagyon magabiztosak, tudják, hogy mit akarnak.

A Bika legalsó szintje az élvhajhász. Ez azt jelenti, kedves Bika, hogy úgy éled az életed, hogy igazából az élvezetek rabja vagy. Csak a múlandó boldogság érdekli a bikát az alsó szinten, a carpe diem, élj a mának életforma. Minden szuper, ez is jó, az is jó, csak legyen valami, amúgy nem érdekel semmi, nincsenek céljaim, semmi nem érint meg. Csak a kaja, pia, szex. Ha valamilyen szenvedély rabjává válik, akkor hajlamos elveszíteni az önkontrollt. Ha így élsz, akkor az alsó szinten éled a Bikát. Érdemes innen fejlődni.

A Bika középső szintje a nyárspolgár. Ő az anyagi dolgokban látja mindenre a megoldást. Úgy gondolja, hogy ha van valamije, akkor azáltal ő is valaki, akkor minden rendben van. Szerinte az a valami, amit ő megteremtett – ingóság, ingatlan vagy, bármi –, ahhoz ő foggal-körömmel ragaszkodik. Ez a Bikánál – mivel ez már középső – nem rossz. Érdemes törekedni a harmadik, legfelső szintre, és ott élni az életet.

A Bika harmadik, legfelső szintje az eltántoríthatatlan, a hit őrzője. Az a valaki, akinek mindene a hite, és ebből a hitből ő kizökkenthetetlen. Mondhat bárki bármit, ő akkor is megy a célja felé, a sikertelenség sem töri meg. Olyan mély belső hite van, ami valóban megrendíthetetlen. A Bikának ezt a hitét követhetik akár mások, de őt ez nem érdekli, hogy követik, vagy sem. Ő csak megy a saját hitének megfelelően. Hisz abban, hogy bármi az övé lehet, így mindent el is tud engedni. Ez az ő legfelső szintje, a Bikának a célja.

Kedves Bika, kívánom, hogy légy eltántoríthatatlan!

Melyik szintre sorolom mostani életem alapján magamat:

_____

Mit kell tennem, hogy középső szintre jussak, illetve felső szintre tudjak lépni:

_____
_____
_____
_____

Mit kell tennem, hogy felső szintre jussak, illetve azon is tudjak maradni:

_____
_____
_____
_____

IKREK JEGY, ÉS FELADATA

Az Ikrek esetében minden a kommunikációhoz tartozik. Ide tartoznak az utazással kapcsolatos dolgok is, de legfőképp a kommunikáció (írásban, szóban), a metakommunikáció (gesztikuláció). Az Ikrek egy nagyon érdekes jegy. Benne van a kettősség is. Ha elképzeljük, hogy ikerbabák születnek, ők ketten vannak. Vannak olyan ikrek, akik nagyon különböznek egymástól külsejükben, vagy belső tulajdonságaikban. Nagyon ritka, hogy két teljesen egyforma ember szülessen, szinte lehetetlen. Az Ikrek is ilyen, eléggé kettős jegy: egyszer ilyen, egyszer olyan.

Nagyon nyitott, logikus a gondolkodása, élénk, kíváncsi, közlékeny. Hajlamos a szétszórtságra. Találékony. Egy apró dolgot meghall, azt ő továbbgondolja, és valahogyan logikus formába tudja önteni. Az Ikreknek épp ezért érdemes olyan dolgokkal foglalkoznia, ahol a logikáját használnia kell.

Az Ikreknek igazán negatív tulajdonsága, amit tapasztalataim alapján észrevettem, hogy hajlamos arra, hogy másoktól tegye függővé saját önbizalmát. Ha mások szeretik, tisztelik, vagy égbe emelik, akkor hatalmas önbizalma van, szereti önmagát, akkor ő is szeretne hajtani, törtetni. Ha negatív kritikát kap, vagy olyan személy, aki számára fontos, negatívan nyilvánul meg vele szemben, akkor abban a pillanatban hajlamos elveszteni önmagát, önbizalmát. Ekkor kell neki egy külső visszaigazolás arról, hogy ő úgy jó, ahogy van, és úgy tökéletes.

Eléggé sértődősek az Ikrek, hajlamosak arra, hogy megsértődjenek, ha negatív kritikát kapnak. Azt kell az Ikreknek megtanulnia, hogy a kritika sokszor tényleg konstruktív tud lenni. Nem kell minden apróságon elgondolkodni, de ha kap egy kritikát, amit már elég sokszor kapott, akkor érdemes lenne egy kicsit megnézni, hogy önmagában min kell ezzel kapcsolatban változtatni, miben tudna kicsit fejlődni, mitől tudna azon a tulajdonságán javítani önmagában. Ez nagyon fontos.

Ha ismertek Ikreket, biztos észrevettétek, hogy az Ikrek szinte állandóan pattog, egyszer itt van, egyszer ott van, mindenhol ott van, mindenben részt akar venni. Őt nem szabad semmiből kihagyni, mert mindig mindenről tudni akar, és neki ez nagyon-nagyon fontos.

Kicsit hajlamos lehet a pletykára. De ha már magasabb szinten él, akkor nem foglalkozik annyira a pletykával, vagy meg tudja tartani az információkat. Ő nem negatívan pletykál, hanem csak mindenről tudni akar, és épp ezért folyamatosan beszél, kérdez, mond és cselekszik.

Az Ikrek ravasz és taktikus. Általában ez is a logikai érzékének köszönhető: hajlamos arra, hogy túltaktikázza, túlagyalja a dolgokat.

Az Ikrek alsó szintje maga a „szélhámos". Általában az, aki tudja magáról, hogy milyen jó manipulációs képességekkel rendelkezik, ami által mások bizalmát kihasználja. Hajlamos hazugságra, hogy saját érdekeit védje vagy értékesítse, mert szélhámos értékesítők is léteznek. Nekik csak az a lényeg, hogy eladjanak valamit, teljesen mindegy, hogy ez jó vagy rossz, csak tolja és tolja. Tipikus Ikrek analógia, hogy próbálnak hangzatosan, harsányan rátukmálni dolgokat a nézőkre. Jellemző rájuk, hogy az ilyen típusú értékesítési formák – tisztelet a kivételnek – nagyon Ikrek jellegűek.

Az Ikrek középső szintje a tipikus „üzletember". Az üzletembereknél jellemző, hogy magukat helyezik előtérbe, a saját érdeküket. Egy jó üzlet akkor korrekt, ha minden fél jól jár vele. Az üzletember tekintettel van arra, hogy olyan dolgot, információt adjon el, amivel a másik is jól jár. Ez a szint sokkal jobb, mint a rátukmálós stílus, hogy csak az ő véleménye a jó, és bárki bármit mond, az úgy van jól, ahogy én elképzeltem (ez az alsó szint). Az Ikrek a középső szinten már azt mondja, ez az ő véleménye, de információkat gyűjt, és a sajátjához hozzáteszi más, akár nála okosabb emberek véleményét is – ennek mentén fog valamit értékesíteni, az üzletet továbbvinni. A reklámtevékenység nagyon megfelelő az Ikreknek, nagyon kreatívak, ügyesek a reklámban. Az önreklám nehezen megy nekik, mivel számukra nagyon fontos, hogy mit mondanak, hogy vélekednek róla. Kedves Ikrek! Hatalmas ugrás lenne számodra, ami megváltoztatná az életed, az a legfelső szintje az Ikreknek.

Az Ikrek felső szintje a „tudás közvetítője". Az a valaki, aki mindenképpen közvetíti a tudást. Ez nem az jelenti, hogy csak akkor tudja ezt teljesíteni, ha tanár lesz belőle, elmegy tanítani. A tudásközvetítés legfelső szinten azt jelenti, hogy mindenben, amiben hisz, hinni tud az Ikrek, azt fogja továbbadni. Az Ikrek általában tanító is. Az is nagyon fontos az Ikreknek felső szinten, hogy tanítson bármit, amit ő jónak, fontosnak lát, és továbbadja a környezetének, akár a nagyvilágnak. Az életével kell tanítania. Bár taníthat az Ikrek alsó vagy középső szinten is, de felső szinten már azt a tudást közvetíti, azt tanítja másoknak, amire azoknak szükségük van, és nem azt, amit ő minden áron le akar nyomni mások torkán.

Melyik szintre sorolom mostani életem alapján magamat:

_____

Mit kell tennem, hogy középső szintre jussak, illetve felső szintre tudjak lépni:

_____
_____
_____

Mit kell tennem, hogy felső szintre jussak, illetve azon is tudjak maradni:

RÁK JEGY, ÉS FELADATA

A Rák gondoskodó. A Rák a leggondoskodóbb jegy. Nagyon fontos odafigyelnie annak, aki Rák napjegyű, hogy ő gondoskodjon. Mert ha egy Rák nem gondoskodik, akkor egy idő után róla kell gondoskodni.

A Rák jegyűek nagyon érzelmesek, nagyon fontosak számukra az érzelmek, különösen kedvesek, odaadóak, segítőkészek az emberekkel. Gazdag a képzeletviláguk. Érzékenyek, óvatosak, félénkek, ragaszkodók, romantikusak, óvatosak, változékonyak és háziasak. Hajlamosak lehetnek meghátrálni és az önsajnálatba temetkezni.

A Ráknak fontos feladata, hogy önálló legyen; sok olyan helyzet teremtődik az életében, hogy ezt meg tudja tanulni. Meg kell tanulniuk tudatosan cselekedni és a tetteikért felelősséget vállalni. El kell tudni engedni az édesanyát, illetve az anyaszerepet.

A Rák alsó szintje az „uszító", érzelmi zsaroló, a „szegény én", „velem mi van". Mások által szeretnének előre jutni. Másokra akarja a felelősséget hárítani. Közvetetten próbálja a környezetét befolyásolni. Ha valaki ezt észreveszi saját magán vagy máson, akkor érdemes rajta dolgozni, hogy fejlődhessen.

Ugyanis a középső, második szintje a Ráknak maga a „meghátráló", aki óvatosan kivár. Itt már nem azt nézi, hogy „szegény én", hanem inkább a kivárásra játszik. Mindig türelemmel kivárja a dolgokat, de nem cselekszik, nem megy bele semmilyen kockázatos dologba. Visszahúzódó, olyan, mint egy csiga, aki visszahúzódik a csigaházába és ott várakozik, hogy mi fog történni. Nem akar, vagy nem mer cselekedni. Általában ez az önbizalomhiányának köszönhető. Fél a kezdeményezéstől, ezen a szinten is előjöhet az önsajnálat.

A Rákoknak kifejezetten fontos, hogy valamilyen tréninggel, meditációval, vagy bármivel, ami nekik jó, emeljék az önbizalmukat. Mert abban a pillanatban, ha a Ráknak az önbizalma csorbát szenved, vagy éppen azt érzi, hogy nincs a helyzet magaslatán önbizalom szempontjából, akkor hajlamos a kihátrálásra. Sok olyan dolog lehet az életében, amit azért nem tud megtapasztalni, mert elkerüli a kockázatot teljes mértékben azért, mert nem szeretne atrocitásokat. Inkább háttérbe húzódik, a csigaházában bujkál.

Hasonlítsuk össze a Rák jegyet egy sünivel. Ha te egy „süni" vagy és bebújsz, akkor mi is történik a süninél? Amikor a süni elbújik, előjönnek a tüskéi. Azzal, hogy elbújik, megsérthet, megsebesíthet másokat. Fontos erre figyelni.

A rák felső, harmadik szintje az „együttérző", a gondoskodó szeretet. Az, akinek nagyon fontos a mások jóléte – persze a sajátját is szem előtt tartja –, de mindenképp fontos számára, hogy tehessen valamit másokért. Elvárások nélkül gondoskodik, általában ilyen jellegű szakmát is választ. A Rákok között nagyon sok a szociális jellegű dolgozó: ápoló, ápolónő, olyan személyek, akik mindenképpen tenni akarnak másokért, mert nekik ez valóban nagyon fontos. Ez a legfelső szint.

Azon kell dolgozni ebben az életben, kedves Rák, hogy elérd azt a pontot, amikor te másokért szeretnél tenni, amikor az tesz boldoggá, hogy a másiknak valami jót teszel, valami pozitívat tudsz átadni, és úgy, hogy ezért nem vársz cserébe semmit. Ekkor a helyeden vagy.

Melyik szintre sorolom mostani életem alapján magamat:

Mit kell tennem, hogy középső szintre jussak, illetve felső szintre tudjak lépni:

Mit kell tennem, hogy felső szintre jussak, illetve azon is tudjak maradni:

OROSZLÁN JEGY, ÉS FELADATA

Az Oroszlán az uralkodás. Az Oroszlán a ragyogás, a tekintély, a hatalom. Az Oroszlán a nagyvonalúság, az Oroszlán mindig meg akar jelenni, meg akarja mutatni mindenkinek, ki is ő. Az Oroszlán nem megy, hanem vonul. Ha az Oroszlán megérkezik, mindenki észreveszi, hogy az Oroszlán ott van. Az Oroszlán a legnagyobb hatalmasság, szereti a ragyogást, a feltűnést. Jellemzi a segítőkészség, az optimizmus, a vitalitás, az akaraterő, az életerő, a pompakedvelés. Hajlamos lehet parancsoló lenni, illetve hiú.

Az Oroszlánnak nagyon fontos megtanulnia az életében, hogy a magabiztosságot ne keverje össze az önteltséggel. Attól, hogy ő ragyog és kitűnik, ezt nem szabad kihasználnia, és nem szabad elmennie a nagyképűség felé. A tetszeni vágyás a környezettől való függőséghez vezethet; vigyáznia kell, hogy ne mások véleményétől tegye függővé önmagát.

Az Oroszlán alsó szintje a birtokló erőszak, a „zsarnok". Amikor minden áron eléri, hogy ő legyen az uralkodó, amikor bármire képes azért, hogy ő legyen elöl, ő legyen a vezető, és mindenki azt csinálja, amit ő mond. Azt gondolja, hogy mindenkinek őt kell szolgálnia. És ezt, ha kell, erőszakkal is eléri. Hajlamos lehet az érzelmi zsarolás legfelső fokára is. Tulajdonaként kezeli a környezetét. Belső bizonytalanságát a hierarchia hangsúlyozásával palástolja.

Kedves Oroszlán! Ha észreveszed magadon, hogy erőszakosan akarsz uralkodni másokon, akkor itt az ideje egy kicsit fejlődnöd.

Az Oroszlán középső szintje olyan, mint Mátyás király: az igazságos „uralkodó". Itt is jellemző, hogy igen, ő az uralkodó, az ő kezében van a hatalom és az irányítás. Valamilyen szinten kérkedik is vele, de nem kell erőszakkal elérnie. Vegyül az emberek közé. Mutatja ragyogásával, hogy *én vagyok az, az Oroszlán.* De ez mindenkinek nyilvánvaló, ehhez nem kell erőszak. Az Oroszlán középső szintjének jellemzője a nagylelkűség is, de nem minden érdek nélkül. Valakihez, aki pénzt kéreget, egy Rák odamegy: „Kenek egy kis vajas kenyeret. Gyere, betakargatlak." Addig az Oroszlán ezt mondja: „Tessék. Itt egy aranyóra, vidd be a zálogházba." Ő nem pusztán azért ad, mivel annyira adni szeretne, hanem saját érdekét nézi a középső szinten, miszerint: „Adok, de azért adok, hogy te elismerj engem, mert én adtam." Úgy adományoz az Oroszlán, hogy mindenki lássa, hogy adományozott. Jó vezetői képességekkel rendelkezik, de itt is nagyon kell neki a külső megerősítés.

Az Oroszlán harmadik, felső szintje a „főpap", a hit őrzője, aki pontosan tudja magáról, hogy neki semmit sem kell tennie azért, hogy őt tiszteljék, becsüljék, mert ő egy tiszteletre méltó személy. (Persze kell, hogy tanuljon – nem csak iskolai tanulás –, fejlessze magát.) Nem kell erőszakhoz folyamodnia, nem kell számára rang, vagy bármilyen külső eszköz. Egyszerűen csak önmagáért követik az emberek, mert valami olyat tesz le az asztalra. A hatalmat másokért, mások szolgálatába állítja, ezért meghajolnak előtte. Azt veszi észre az Oroszlán, hogy mindenki elkezdi követni, de itt már nincs szüksége külső megerősítésre. Azt kell elérnie, hogy higgyenek benne, hogy hiteles legyen mások számára, de önmaga miatt. Összetartja a közösséget.

Kedves Oroszlán! Ezt a szintet kellene elérni, ezt tanulod te most ebben az életedben, ebben az inkarnációban, ahova most leszülettél. Sok sikert kívánok neked ennek a megtanulásához!

Melyik szintre sorolom mostani életem alapján magamat:

Mit kell tennem, hogy középső szintre jussak, illetve felső szintre tudjak lépni:

Mit kell tennem, hogy felső szintre jussak, illetve azon is tudjak maradni:

SZŰZ JEGY, ÉS FELADATA

A Szűz szolgál, rendszerez, elemez. Oknyomozó. A Szűz nagyon kritikus. A Szűz nem csak másokkal szemben kritikus, másokban veszi észre pozitívan és negatívan is a hiányosságokat és a többleteket, hanem saját magával szemben is nagyon kritikus tud lenni. Ő úgy gondolja, hogy amit ő meg tud csinálni, azt másnak is illene megcsinálni. Úgy gondolja, amit ő tud, azt másnak is tudnia kellene. Nagyon nehezen tudja azt elfogadni, hogy a világ nem tökéletes. Mert ő mindig a tökéletességre törekszik mindenben: munkában, kapcsolataiban, takarításban, mindenben. Ha nem tudja a tökéletességet kihozni belőle, akkor inkább neki sem áll. A Szűznek hatalmas maximalizmusa van, nem csak másokkal, hanem önmagával szemben is, mindig a maximumra törekszik.

Nagyon rendszerszerető. Sokszor azt mondják, hogy rendszerető, de nem mindig. Inkább a rendszert szereti. Van egy bizonyos rendszer, amit kialakít az életében, és ahhoz foggal-körömmel ragaszkodik. Hajlamosak a Szüzek például arra, hogy keveset alszanak, éjszakába nyúlóan ébren vannak, agyalnak, gondolkodnak, utána pedig a délelőtt átalusszák, ha van rá módjuk és lehetőségük, és jaj annak, aki felébreszti őket idejekorán. Általában bolhából elefántot csinálnak. Illetve előfordul, hogy korán lefekszenek és nagyon korán is kelnek, hogy agyalni és elemezni tudjanak.

Persze ez nem minden Szűzre igaz, de a Szüzekre általában ez jellemző. A Szűznek hatalmas maximalizmusa van, nem csak másokkal, hanem önmagával szemben is, mindig a maximumra törekszik. Takarékos, gyűjtögető, óvatos. Szorongó, mely a bizonytalanságából ered.

Tanulási feladata az életbe vetett bizalom, a félelmeinek leküzdése. Meg kell tanulnia feloldódni. A káosztól és a bizonytalanságtól retteg, és ezt el kell tudnia engedni. Hajlamos elveszni a részletekben, tanulnia kell átfogóan gondolkodni.

A Szűz alsó szintje a „félművelt": mindenből egy kicsit tudni, belekapni mindenbe, és mindenből egy kicsit megtanulni. Mindennek kicsit utánajár, utánakérdez, utánaolvas, de csak részeket. Igazából nem is a tudás érdekli, hanem főképp a külvilágnak megfelelni tudás, az, hogy mindenhez hozzá tudjon szólni pár szót, mintha mindenhez maximálisan értene.

Kedves Szűz! Ha magadra ismertél, itt az ideje, hogy fejlesszél kicsit magadon.

A középső, a már fejlettebb szint a „tudós", aki a fizikai világot ismeri, akinek van irdatlanul sok végzettsége, diplomája. Mindent, ami a fizikai valósághoz, a fizikai világhoz köthető, meg akar tanulni, analizálni, kielemezni, e téren mindenhez hozzászólni, maximálisan elsajátítani. Ez egy végtelen tanulásfolyamat, mert soha nem érzi, hogy már mindent tud. Hall egy apró részletet bármivel kapcsolatban, akkor azt még jobban akarja tudni, és soha nincs kész vele. Folyamatosan csak tanul, tanul, tanul. Közben persze kritizál, kritizál, kritizál – legfőképpen másokat, de önmagát is. Nem képes átlépni a határt, inkább megtagadja a fizikai valóságon túlmutató dolgokat. Folyamatosan a tökéletességet keresi.

A felső, a harmadik szint a „lélekgyógyász", aki magasabb szinten is mindent tud, aki pontosan ismeri a lelket is. Aki rájön arra, hogy a fizikai szinten való tudás még nem elég, az még nem nyújthat megoldást mindenre. Ahhoz, hogy a megoldásokat megtanuljuk, ismernünk kell a lelket, mélyebbre kell menni. Ha megismeri a lelket, és mindent megtanul a lélekkel kapcsolatban, akkor ért el a felső szintre. Feladata, hogy felismerje, mi a lényeges és mi lényegtelen az élet nagy körforgásában. Ezen a szinten rájön, hogy minden probléma gyökere a lélek. Folyamatosan arra készül, hogy válaszoljon tudásával az élet kihívásaira.

Persze ott sincs neki megállj, mert egyre mélyebbre és mélyebbre akar menni, pontosan az elemző, a nyomozó képessége miatt, de ott már nem csak a fizikai valóság szintjén, hanem egy sokkal mélyebb szinten. A Szűzhöz tartozik ezen a szinten szolgálat. A legfelső szinten lévő Szüzek között vannak a pszichológusok, pszichiáterek, a holisztikus gyógyítók, az alternatív gyógyítók, bármilyen spirituális tanácsadók, akik nem csak a kézzelfogható tudás alapján segítik, gyógyítják az embereket, hanem akiknek kell valami plusz is, hogy magát a lelket is ismerjék, megismerjék. Minden a lélek szintjéről indul. Ez nem jelenti azt, hogy ők elutasítják az orvostudományt, sőt, hanem kiegészítőként – a fizikai tudás az alap (középső szint), hozzá a lélek ismerete, tudása (felső szint). Minden felső szinten élő Szűz szerény, és gyógyító képességekkel rendelkezik.

Kedves Szűz! Ha szeretnél fejlődni, akkor érdemes olvasgatni, utánajárni alternatív dolgoknak, spirituális, ezoterikus dolgoknak, bárminek, ami téged vonz, ami kicsit is meg tudja fogni a gondolkodásodat, legyenek akár az angyalok, akár lélekgyógyászati módszerek. Ami úgy látszik számodra, hogy kicsit közel állhat hozzád, akkor afelé indulj el, tanuld, ismerd meg. Ezzel haladsz a felső szinted felé, amit el is tudsz érni. A legfontosabb, hogy ezzel a felső szintű tudással – a lélek ismeretével – segíteni tudsz másokon, és ezáltal önmagadon.

Melyik szintre sorolom mostani életem alapján magamat:

Mit kell tennem, hogy középső szintre jussak, illetve felső szintre tudjak lépni:

Mit kell tennem, hogy felső szintre jussak, illetve azon is tudjak maradni:

_____
_____
_____
_____

MÉRLEG JEGY, ÉS FELADATA

A Mérleg kapcsolatokat teremt és kiegyenlíti azokat, neki nagyon fontos a harmónia. A Mérleg mindig az egyensúlyra akar törekedni. A Mérlegnek mindig fontos az, hogy béke és nyugalom legyen körülötte. Ő a nagy békéltető két vitapartner, két ember között, akik nincsenek egyetértésben. A Mérleg vagy benne marad abban a szituációban, és megpróbál mindent megtenni, hogy ott béke legyen, vagy inkább meghátrál és elvonul, mert nem bírja a vitát, a veszekedést.

A Mérleg számára fontos a szépség, a külső szépség, a külsőségek. Ez folyamatosan foglalkoztatja a Mérleget, keresi is a szépet másokban és önmagában is. Egyre szebbnek akarja magát látni és láttatni, szereti a szép dolgokat is, de mindent úgy, hogy közben meglegyen a harmónia, a nyugalom és a békesség. Előzékeny és szolgálatkész. Magas diplomáciai érzékkel van megáldva, amit érdemes hasznosítania az élete során. Le kell tennie a kapcsolatoktól való függőséget. Nehezen tud dönteni, fejlesztenie kell a döntéshozó képességét.

A Mérleg alsó szintje a „feltűnni vágyó". Úgy gondolja, hogy ő csakis akkor fogja megkapni a szeretetet másoktól, ha mindig úgy cselekszik, ahogy azt tőle mások elvárják. Benne van egy nagyon erős megfelelni akarás is. Bármit megtenne azért, hogy észrevegyék, jobb legyen, több legyen. Úgy gondolja, ha ő jobb, több, szebb, ezáltal szeretetet is többet kap. De a szeretet egyáltalán nem erről szól. Hajlamos figyelni a környezete reakcióit és az alapján alakítani a viselkedését, de így soha nem mutatja igazi személyiségét.

Kedves Mérleg! Ha te így érzed, így gondolod, akkor itt az ideje, hogy fejlessz önmagadon, és haladj a Mérleg középső, vagy leginkább a felső szintje felé.

A Mérleg középső szintje a „diplomata". A középső szinten azt mondja a Mérleg: nem csak az érdekel, hogy kifelé minden rendben legyen, megmutassam mindenkinek a nagyszerűségemet, ami által szeretni fognak. Ő lesz maga a diplomata, aki azt mondja, körülötte mindig nyugalom, békesség, harmónia kell. Akkor lesz boldog, ha ezek megvannak körülötte, feszültség- és vitamentes minden kapcsolata. A probléma itt azzal van, hogy nem önmagában keresi a harmóniát, így minden konfliktus ki tudja billenteni az egyensúlyából. Igyekszik a környezetét rábírni arra, hogy változzanak, ezáltal ne billentsék ki őt a nyugalmából. Ehhez minden eszközt megragad.

Általában a Mérlegek a párkapcsolatban látják a középső szinten a harmóniát, szerintük csak párkapcsolatban lehet megélni az igazi szeretet. Olyan párkapcsolata legyen, amiben nincs veszekedés, vita, nincsenek konfliktusok. Ha nincs meg ez a harmonikus állapot, abban a pillanatban kizökkennek, és azt érzik, még sem annyira boldogok, és emiatt a szeretetet sem érzik. Ez már egy eléggé jó szint a Mérlegnél, mivel ha észreveszi, akkor már nem csak ő akar megfelelni, hanem másokat is próbál formálni, hogy a harmónia, a béke és a nyugalom meglegyen. De ez még mindig nem az igazi szeretet szintje. Neki nagyon fontos, hogy az igazi, feltétel nélküli szeretetet meg tudja tapasztalni.

A Mérleg felső szintje a mindent kitöltő szeretet, „az egyházatya". A szeretet mindent átható, nem kötődik sem külsőhöz, sem belsőhöz. A szeretet egyszerűen csak van, létezik és áramlik. A pillanat varázsát tudja megragadni.

Amikor a Mérleg elkezdi szeretni önmagát, akkor észreveszi, hogy ha belenéz egy másik ember szemébe, akkor ott látja önmagát. Ha találkozik egy másik emberrel, akinek szemében észreveszi önmagát – belső önmagát –, akkor már jó helyen van. Itt már nem a párkapcsolatban, a kapcsolatokban, a külsőségekben, a tárgyakban, a feltűnni vágyásban, nem a szépségben keresi a szeretetet, hanem a mindent átható, belső, igazi szeretetet, ami minden emberben ott van, így meg tudja találni önmagában is.

Kedves Mérleg! Kívánom neked, hogy találd meg azt az igazi, másoktól független, benned szunnyadó szeretetet, ami mélyen a segítségedre van, amivel el tudod érni a felső szintedet, és így harmonikus életet tudsz élni ebben az inkarnációban, ahová leszülettél – mert ez a te csúcsfeladatod.

Melyik szintre sorolom mostani életem alapján magamat:

Mit kell tennem, hogy középső szintre jussak, illetve felső szintre tudjak lépni:

Mit kell tennem, hogy felső szintre jussak, illetve azon is tudjak maradni:

SKORPIÓ JEGY, ÉS FELADATA

A Skorpió maga az elkötelezettség. A Skorpió kutat, fürkész, elmélyül. Ő az igazi „mindent vagy semmit". Ő nem éri be kevesebbel. Vagy nyertes, vagy nem érdekli a dolog. Hajlamos sértődős lenni, megsértődni, és sokáig mélyen megjegyezni az őt ért sérelmet, aztán majd hetek, akár évek után visszavágni. Hajlamos igazi bosszúálló lenni.

De nagyon pozitív jegy is a Skorpió. Ő az az ember, aki ha kitűz egy célt maga elé, azt bármi áron is eléri. A legkitartóbb jegyek egyike. A Skorpióhoz tartozik a szexualitás, érzékiség, szenvedélyesség, a gazdag érzelmi élet. Merész, szívós, kemény, néha viszont ellentmondásos, önbizalomhiányos, önbüntető és szélsőséges.

A skorpió feladata az elengedés, az átalakulás, a megújulás, a teremtés. „Meghalni" és „újjászületni", újra és újra.

A Skorpió alsó szintje a „manipulátor", vagy „kéjenc". Észre sem veszed, de a háttérből manipulál azért, hogy neki jobb legyen, hogy ő elérje, amit akar. Hátulról irányítja a szálakat, hogy véghezvigye az akaratát. A Skorpióhoz tartozik a szexualitás, ezért belekerülhetsz a csapdájába. Előfordulhat, hogy a függőségek irányába mozdul, mert a Skorpiónak fontos, hogy meg tudja élni a mélységeket. Alsó szinten úgy gondolja, hogy ehhez kell neki egy segédeszköz, mert ezt csak valamivel tudja elérni. Nagyon bosszúálló ezen a szinten.

Kedves Skorpió! Ha észreveszed magadon, hogy az alsó szinted tulajdonságait éled, akkor itt az ideje, hogy kezdj el fejlődni.

A Skorpió középső szintje a „kutató". Úgy gondolja, hogy az anyagban, az anyagi világban van a megoldás, ott keresi. Minél több mindene legyen, és minden az anyagiak körül forog. Kutat, nyomoz, mindennek a mélyére megy, de mindig a külső segítséget keresi. A Skorpiók hajlamosok lehetnek, hogy mindenhonnan és mindenkitől keressék a választ a kérdésekre, pedig minden Skorpióban – egyébként mindannyiunkban – ott van a válasz mindenre. Ami kérdés fel tud merülni önmagunkkal kapcsolatban, arra ott van a válasz mélyen belül. Ezen a szinten a Skorpió már nem annyira bosszúálló, de sértődékeny, és mivel nagyon érzékeny, nehezen tud megbocsájtani.

A Skorpiónak nagy feladata, hogy mindenbe belehalva újjáéledjen, főnixmadárként egyre magasabbra és magasabbra jusson. A Skorpió képes arra, hogy bármennyiszer is kudarcot vall, akárhányszor is elbukik az életben, újra és újra felálljon, és mindent, amit a negatív tapasztalatból nyer, beépítse a személyiségbe. Ezáltal egyre erősebbé válik, és egyre kitartóbban tud hajtani a célja felé.

A Skorpió felső szintje a „remete", illetve a „mágus". Fel kell ismernie a Skorpiónak, hogy mindenre ott van belül, önmagában a válasz. Jellemző rá a lélek kutatása. El kell vonulnia. Ez nem azt jelenti, hogy csak akkor lesz jó helyen, ha bezárja magát valahova és senki sem megy a közelébe. Azt kell megtanulni, ha bármi probléma, nehézség, feladat van az életében, akkor egy kicsit tényleg el kell vonulni, és magában kell a válaszokat megkapni. Képes elengedni a sérelmeket, mert megértette: minden érte van. A meditáció egy tökéletes eszköze lehet itt a Skorpiónak, hogy mindenre választ kapjon. A test-szellem-lélek egysége a mágus. Megnyílnak neki az emberek, hogy tanácsot kérjenek tőle.

Kedves Skorpió, kívánom, hogy légy önmagad legnagyobb ismerője, az igazi mágus.

Melyik szintre sorolom mostani életem alapján magamat:

Mit kell tennem, hogy középső szintre jussak, illetve felső szintre tudjak lépni:

Mit kell tennem, hogy felső szintre jussak, illetve azon is tudjak maradni:

NYILAS JEGY, ÉS FELADATA

Kifejezetten közel áll hozzám a Nyilas jegy, mert édesanyámnak és közeli barátaimnak is a napjuk a Nyilas jegyében volt, amikor megszülettek.

A Nyilas általában lelkesedik, nagyvonalú, tekintettel van másokra és segít. Hajlamos úgy tekinteni az életét, hogy mindig változtatni kéne mindenen, semmi nem jó úgy, ahogy van. A Nyilasnak nagyon fontos a világnézet, a külföldi dolgok. Sok Nyilas például sokat utazik, hogy megismerje a külföldi kultúrákat, vagy a tévé előtt ülve néznek olyan csatornákat, ahol elvarázsolt tájakat láthatnak, ezáltal virtuálisan elmehetnek oda. Nem biztos, hogy el is utazik külföldre, de tudni szeretné, hogy mások hogyan élnek.

Fontos nekik az, hogy honnan jöttek és hova tartanak. Az élet nagy filozófiai kérdéseit a Nyilasok fontolgatják. Előfordul, hogy ülnek otthon, éppen nincs dolguk – bár ez furcsa, hiszen a Nyilasnak mindig kell, hogy dolga legyen, pörögnek összeviszsza –, elgondolkodnak, hogy mi miért van, honnan van, hogy lehet, hogy juthatna előbbre, hogyan és miként kéne változtatni. Kíváncsiak, és hatalmas a szabadságvágyuk. Nagyon jóindulatúak, és jellemezheti őket az optimizmus.

Fontos, hogy ne azt nézze, hogy a világ hogyan tudna változni azért, hogy neki jobb legyen, hanem neki min kéne változtatni azon, hogy a világban ő jobb helyet tudjon elfoglalni.

A Nyilasok egy része – vagy akár a Nyilason belül is – egy pillanatban úgy lelkesedik, hogy nem tudsz vele mit kezdeni, bepörög, azt sem tudja, hogyan ugorjon azért a feladatért, amit felhoztak neki. A másik Nyilas azt keresi, hogy miért nem lehet azt a dolgot megoldani.

A Nyilasnak az lenne a legfontosabb, hogy a kettő között próbáljon meg elhelyezkedni. Számára ez nagyon nehéz, mivel ő nem tud köztes helyzetben lenni. A Nyilas számára minden vagy fekete, vagy fehér; nagyon szeret, vagy nagyon gyűlöl.

Hajlamos átsiklani a részleteken, emiatt a logikus elemzés, precizitás, pontosság a tanulandó feladata.

A Nyilas alsó szintje a „nagyképű". Úgy gondolja, hogy a rangok számítanak. Attól értékes valaki, mert ott van a neve előtt a dr., vagy attól valaki, mert rangja van, vagy attól valaki, mert sok pénze van. Ő úgy gondolja, hogy ő is akkor lesz nagybetűs Valaki, ha próbál ilyen társaság felé tendálni, vagy ezt a társaságot teljesen elutasítja, mert azt mondja: könnyű neki, mert ő valaki, de bezzeg én! Folyamatosan az elismerésre törekszik, hamissággal és álszenteskedéssel.

Ha felismeri magában az ilyen gondolkodást, akkor érdemes elkezdeni annak elfogadásán dolgozni, hogy nem a rang teszi az embert. Nagyon fontos, hogy mi van egy emberen belül. Nem csak a tudás, nem csak az életben való tanulás, hanem a „belső tartalom". Ha elkezdi a Nyilas ezt vizsgálni, akkor elkezd rájönni, hogy mennyire érdekes a világ, mennyire nem biztos, hogy az a Valaki, akit annak előtte Valakinek gondolt.

A Nyilas középső szintje a „politikus", aki arra használja a hatalom adta fölényét, hogy a világot a saját arculatára formálja. Ezen a szinten úgy gondolja, hogy a dolgok mindig változtatásra szorulnak, változtatni kell a világon, hogy minden jó legyen. Soha semmi nem jó úgy, ahogy van, azon mindig egy kicsit változtatni kell. Ha felismered magadban, kedves Nyilas, akkor ez azt jelenti, hogy valamilyen szinten már jól haladsz az önismereti úton, de még mindig nem a legfelső szintet éled.

A Nyilas legfelső szintje igazából maga a „megvilágosult", az a valaki, aki úgy gondolkodik: nekem kell belül változnom ahhoz, hogy a változzon a világ körülöttem. Ahogy én látom magamat és a világot, úgy fog alakulni hozzá a világ. Tisztában van azzal, hogy csak a szellemiség képes magasabb régiókba emelkedni. Akkor most fel is adtam a leckét. Ezen a szinten a Nyilas már nem akar senkit átformálni, egyszerű és bölcs.

Kívánom, kedves Nyilas, legyen tiéd a valódi bölcsesség élménye!

Melyik szintre sorolom mostani életem alapján magamat:

_____

Mit kell tennem, hogy középső szintre jussak, illetve felső szintre tudjak lépni:

_____
_____
_____
_____

Mit kell tennem, hogy felső szintre jussak, illetve azon is tudjak maradni:

_____
_____
_____
_____

BAK JEGY, ÉS FELADATA

A Bak szorgalmas, kitartó. Számára a legfontosabb a célszerűség. Anyagias jegynek minősül. Hajlamos lehet a takarékoskodásra. Szigorú, főleg mások szemében. Ha mélyebben megismerjük a Bakot, érzékeljük, hogy ez a szigor inkább csak kifelé szól, annyira nem erős. De mégis, ha hirtelen meglátjuk, és annyira még nem ismerjük a Bakot, így találkozunk vele, akkor az a benyomásunk, hogy ő kifejezetten szigorú ember. Nagy fegyelem jellemzi, kitartó és megfontolt.

A Baknak tényleg nagyon fontos az anyagi világ, és nagyon is sokszor foglalkozik azzal, hogy az anyagiak rendben legyenek. Már fiatal korában elkezd azzal dolgozni, hogy körülötte meglegyenek az anyagi javak. Szerkezetet épít, rendet teremt. Úgy gondolja, hogy ez jelenti számára a boldogságot, mindig mindent meg kell teremtenie. Egyre magasabb és magasabb szintre kell lépnie a céljaiban. Tanulnivalója, hogy legyen fegyelmezett, tudja vállalni a felelősséget azért, hogy elérje a kívánt célt.

A Bakok legalsó szintje a törtető. Ez azt jelenti, hogy egyszerűen csak megy és törtet előre, és mindig azt érzi, hogy valakit mindenképpen le kell győznie. Azt sem tudja sokszor, hogy miért, de mégis csak megy, és le kell valakit győzni. Többnyire nagyon versengő, azt nézi, hogy mindenképp jobbnak kell lennie valamiben a másiknál. Nem veszi észre, hogy igazából saját magát kéne legyőznie. Hajlamos a kegyetlenségre is, pusztán a győzelem miatt.

Kedves Bak! Ha magadra ismertél ez alapján, akkor itt az ideje, hogy egy kicsit fejlődjél, magasabbra szintre kerülj, hogy jobban működjön az életed.

A Bak középső szintje a karrierista. Itt azt mondja a Bak, hogy „most már tudom, hogy mi a célom, csak az anyagi dolgok, a fizikai világon belül van célom, de ott el fogom érni a maximumot. Én leszek a legjobb, és mindent megteszek ennek érdekében. Hajtok kitartóan, megyek a célom felé. És hajlandó vagyok ezért áldozatot hozni, mert tudom, hogy kell." A Bak tényleg mindent elér, amit csak el lehet érni a kvázi boldogságához. Látja, hogy megvan mindene, jól megy az üzlete, vagy jól működik az élete – de valamiért mégsem teljesen boldog. A célokat a külvilágban keresi és nem belül, önmagában.

A Bak legfelső szintje a beavatott, a lényeg tudója és ismerője. Itt a Bak már nem csak a fizikai valóságot látja, hanem azt is megnézi, hogy mi van belül, odabent, és elkezdi magát belül is fejleszteni. Nagyon jók az intuíciói, előrelátó, de hajlamos túlagyalni a dolgokat. Felső szinten már nem annyira az agyalás jellemzi, inkább a belső indíttatás. Tudja, hogy igazából csak önmagát kell legyőznie ahhoz, hogy elérje a boldogságot. Előfordul, hogy még húzza vissza az anyagi világ, de nem hagyja magát, megy a fény irányába.

Ezzel alakul ki a boldogsága. Ez a legfelső szint, itt lehet úgy igazán boldog a Bak, amikor tényleg rájön arra, hogy nem is az a cél, amit el akar érni, hanem maga az út a cél, amin elhalad odáig.

Előfordul, hogy közben sokszor „meghal egy kicsit", de akkor sem adja fel, és újra és újra egyre magasabbra szárnyal. Ez már általában nem csak egy sima fizikai cél, hogy elérjen valami fizikai dolgot az életében, hanem valami azon jóval túlmutató, egy belső cél.

Kedves Bakok! Legyetek mind beavatottak!

Melyik szintre sorolom mostani életem alapján magamat:

Mit kell tennem, hogy középső szintre jussak, illetve felső szintre tudjak lépni:

Mit kell tennem, hogy felső szintre jussak, illetve azon is tudjak maradni:

VÍZÖNTŐ JEGY, ÉS FELADATA

A Vízöntő maga a szabadság. A Vízöntőnek nagyon-nagyon fontos a szabadság, a korlátlanság, az egyediség, a különlegesség. A Vízöntőnek végtelenül fontos, hogy ne szabjanak neki határokat. Nem bírja elviselni, vagy legalábbis nagyon nehezen tolerálja. A Vízöntő rendkívül önálló tud lenni. A Vízöntő idealista, fontos neki az egyenlőség, közben egy igazi forradalmár. Nagyon jók az intuícióik, önfeláldozóak, és valahogy mindig kissé kívülállónak érzik magukat. Eredetiek és nagyon merészek. Vonzódnak a szokatlanhoz.

A Vízöntők mindig valamit újítani akarnak. Mindig többet szeretnének, adni akarnak az embernek, az emberiségnek. Önmaguk is folyamatosan fejlődni szeretnének kívül-belül.

Tanulási feladata, hogy a fizikai és szellemi világot képes legyen összeegyeztetni, mert könnyen képes elszállni. Igyekeznie kell nem túl merevvé, fanatikussá válni.

A Vízöntő alsó szintje az „anarchista". Mivel forradalmárok a Vízöntők, legalsó szinten ezt úgy élik meg, hogy úgy jó, ahogy az én világom van. Ami jó volt, nekem bevált, az a jó. Azt hirdeti mindenfelé, hogy mindenkinek változtatnia kéne, mert az jó, ahogy azt ő gondolja jónak. Azt elfelejtik, hogy minden ember más, nincs két teljesen egyforma eset. Másrészt, ha valaki nem akar változtatni, akkor neki hiába is akarja „átnyomni", hogy „változtatnod kell, és úgy kell csinálnod, ahogy én". Nem akar rosszat a Vízöntő, csak az alsó szintjén ezt így gondolja helyesnek. De amennyiben a másik személy nem akar változni, változtatni, akkor tehet bármit a Vízöntő.

Kedves Vízöntő! Ha felfedezed saját magadban, hogy néha így viselkedsz, hajlamos vagy rá, akkor érdemes kicsit fejlődnöd.

A Vízöntő második, középső szintje maga a „szociológus". A szociológus az anyagi emelkedésben látja a megoldást. Ezt mondja a Vízöntő: Lehet, hogy egy kicsit másképp működnek nálam a dolgok, akkor nézzük, hogy tudok segíteni. Általában az anyagi dolgokban – pl. a hajléktalanoknak hajlékot adni, mert kap egy hajlékot, ahol tud lakni – tud segíteni, mondván: akkor már az ő élete rendben lesz, mert van egy lakása, onnantól már nem hajléktalan. Ez nem ilyen egyszerű. Belülről is nagyon sok mindenben kell fejlődnie az embereknek, az emberiségnek.

A Vízöntő hajlamos lehet arra, hogy ezt a segítséget sokszor azért tegye, hogy büszke lehessen magára, mert ezt megtette, kiharcolta, kihajtotta – forradalmat csinált, hogy ez létrejöjjön. Ez a középső szint, ami már nem olyan rossz, mert a Vízöntőnek nagy feladata, hogy másokért tegyen, hajtson, harcoljon. De a legfelső, harmadik szint nem erről szól.

A Vízöntőnél a felső szint a „megváltó", az emberiségért élő. Amikor a saját egyéni dolgait háttérbe teszi, kvázi feláldozza önmagát azért, hogy az emberiségnek jobb legyen, hogy majd az ő utódai jobban élhessenek. Valami olyan újítást hoz létre, olyan szellemi terméket ad át az emberiségnek, ami majd jóval utána, az utódai és azok utódai részére lesz egy igazi megváltás. Minden cselekedetével másokért él, és ez teszi igazán boldoggá. Nem vár érte külső elismerést, belülről érzi, hogy így a helyes. A szokatlanhoz való vonzódását az emberiség szolgálatába állítja.

A Vízöntő itt már nem azt nézi, hogy neki akár anyagi javak, akár bármilyen jellegű javak legyenek, hanem arra fókuszál, hogy az emberekért, az emberiségért jót tegyen. Megmutassa az élet, a születés és a halál egyensúlyát, és ennek a tudásnak a megismerésében segítse az embereket. Ez nem azt jelenti, hogy a Vízöntőnek teljesen le kell mondania az anyagi világról, és innentől kezdve kolostorba kell vonulnia vagy bárhova bezárkózni, ezáltal az anyagi világhoz nem kötődve, nem kapcsolódva. A célja legfőképpen ne a saját előbbre jutása, saját anyagi gyarapodása legyen, hanem maga a segítség. A Vízöntőnek egyénileg, egyénenként kell rájönnie, kinek mire van szüksége, és feláldoznia önmagát, idejét nem kímélve, nem az anyagi hátterét nézve a dolgoknak. Ez a felső szintje a Vízöntőnek.

Kedves Vízöntők, kívánom, legyetek mind olyan újítók, akik az emberiségért tesztek!

Melyik szintre sorolom mostani életem alapján magamat:

Mit kell tennem, hogy középső szintre jussak, illetve felső szintre tudjak lépni:

Mit kell tennem, hogy felső szintre jussak, illetve azon is tudjak maradni:

HALAK JEGY, ÉS FELADATA

A Halak maga a misztikum. A Halak érzelmes, érzékeny, együtt érző, hajlamos romantikus megnyilvánulásokra. A szeretetét nagyon gyakran a gondoskodásával tudja kifejezni. A Halak sokszor egy álomvilágban él. Előfordul, hogy van egy kép, amit ő elképzel az életről – amit ő helyesnek gondol –, aminek ő gondolja az életét, csak sokszor inkább csak magában az álmaiban, a gondolataiban, az agyában, szívében, lelkében cselekszik, de a tettek elmaradnak. „Majd holnap! Olyan szépen elképzeltem, úgy elfáradtam ebben." És ez ismétlődik másnap is. „Még hozzáképzeltem dolgokat, és még szebben elképzeltem. Inkább majd holnap megvalósítom." Ez jellemző a Halakra.

Nézzünk erre egy példát. Egy akváriumban úszkálnak a kis halacskák, függetlenül mindentől, szabadon úszkálnak, fel-le, körbe-körbe, és jól érzik ebben magukat. Ugyanígy gondolja a Halak is. Neki az a minden, a halacskának is a minden az akvárium. A Halak ott és abban szeret lenni. Persze elképzelésében benne van, hogy bárcsak az óceánban úszhatna, de ez nem történik meg. Ezt el kell fogadnunk. A Halak ilyenek. Álmodoznak. A Halak jeggyel rendelkezők között sok művész van. A Halak nagyon sokszor úgy gondolkodik, hogy mindent meg akar tapasztalni, mindent szeretne kipróbálni, mindennel szeretne foglalkozni, de soha nem jut odáig, hogy ennek megoldása is megtörténjen. Fel kell ismernie, hogy ezt mind belül kell keresnie.

A Halak alsó szintje a „gyáva". Amikor azt mondja, hogy én nem bántok senkit, akkor engem sem bántanak. Ez általában önbizalomhiányból, félelemből fakad. Ő inkább nem megy bele a helyzetbe, szituációba, mert úgy gondolja, őt akkor bántanák. Inkább ő sem bánt senkit, elkerül mindent, mindenkit. Van egy bizonyos zárt közeg, egy általa felfedezett rész, amiben ő van, amit folyamatosan látogat, ahol jól érzi magát, mert tudja, ott mi hol van. Ő ebben nagyon jól van, ebből nem akar kilépni, mert ez a biztonságos. A Halak törekszik a biztonságra. Ez bizonyos szinten a félelemből is adódik. Belekényszerül a mártír szerepébe. Hajlamos lehet a függőségekre, mert ez is egy menekülés a valósággal való szembesülés elől. Kedves Halak! Ha felfedezted ezt magadon, próbálj meg fejlődni. Az álomvilágot, amit a fejedben létre tudsz hozni, azt próbáld meg materializálni, valósággá változtatni – a saját belső valóságodat igazi fizikai valósággá változtatni. Ez nagy fejlődés részedről.

A Halak középső szintje a „művész, a rózsaszín szemüveges". Azt mondja: minden úgy jó, ahogy van, és ezt elfogadom. Ezen a szűk mezsgyén nagyon jól érzem magam. Ha kell, inkább szerepet játszom, ha kell, akkor mártír vagyok, ha kell, akkor az aktuális tudatállapotom én alakítom, én mondom meg, hogy érzem/érezhetem magam. A Halak próbál mindenkihez alkalmazkodni, bár nem olyan mély szinten, mint egy Mérleg. Rabja lehet a művészeteknek. Beleviszem magam abba a műbe: egy festménybe, egy rajzba, akár egy bevásárlásba, teljesen mindegy, hogy mibe, én abban benne vagyok. Mert az úgy jó, ahogy én azt csinálom. Nem tud elszakadni az álomvilág és a valóság közti résztől. Neki itt kéne egy elszakadás. Le kéne vennie azt a rózsaszín szemüveget és látnia kéne a valóságot, hogy abban a kis térben minden úgy jó, ahogy van, ahogy ő gondolja. Ebből kilépni egy magasabb szintre.

A Halak felső szintje az „egyesítő", aki felismeri, hogy a világ egy és oszthatatlan. Az UNIO MISTIKA, a misztikus egyesülés élményét tudja itt megtapasztalni a Halak. A tökéletesség és egység. Ez belül lehetséges, ehhez nem kell pótcselekvés, nem kell hozzá semmi, a személyisége feloldódik. Ez nagyon magas spirituális szinten lehetséges főként. Teljes elfogadás és szeretet jellemzi. Képes a teljes elengedésre. Amikor kívül-belül ott van az egység. Amikor bekerülök önmagam középpontjába, és nem vagyok már gyáva, nem játszom már szerepet, nem vagyok már mártír, nem én vagyok mindig az áldozat. Egy igazi egységtudatban élem az életemet. Mindannyiunkkal születnek spirituális képességek és tudás. Valakinek jobbak az intuíciói. Valaki megálmodja, előre látja a dolgokat. Valaki nem tudja, miért megy arra, amiről valahonnan érzi, tudja, hogy nem kellett volna. Vannak, akiknek például remek fejben számolási képességeik vannak, amiket nagyon jól tudnak használni pl. a számmisztikánál, a numerológiánál. Mindenkiben ott van valami képesség. A Halak a legfelső szinten azt mondja: igen, én most felállok a képességemben, és használni fogom önmagam és mások javára.

Melyik szintre sorolom mostani életem alapján magamat:

Mit kell tennem, hogy középső szintre jussak, illetve felső szintre tudjak lépni:

Mit kell tennem, hogy felső szintre jussak, illetve azon is tudjak maradni:

Összegzés és zárszó

Bízom benne, hogy el tudtam érni ezzel a könyvvel, amit szerettem volna. Legyen ez a könyv egy eszköz, amit elő tudsz venni bármikor, ha elakadsz az életben, esetleg kell egy kis motiváció. Az elmúlt 16 évben többször is nekiláttam ennek a könyvnek. Azután valamiért mindig félretettem, mert úgy éreztem, hogy nem vagyok készen, még mindig többet kell hozzá tudnom, még mindig hiányzik hozzá valami, még mindig nem vállalhatom fel igazán önmagam.

De rá kellett jönnöm arra, hogy ez olyan, mint amikor az ember azért nem vállal gyereket vagy azért nem tesz meg egy bizonyos lépést, mert majd ha ez lesz, majd ha az lesz... Végül nem lesz belőle semmi, mert az idő folyamatosan múlik, napról napra egyre közelebb kerülünk ahhoz a végelszámoláshoz, ahol is majd szembe kell néznünk önmagunkkal, ahogy minden este, amikor lefekszünk. Hiába fekszik ott mellettünk valaki, hiába érezzük azt, hogy nem vagyunk egyedül, a saját gondolatainkkal mégis egyedül vagyunk. Minden este saját magunkkal kell elszámolnunk. Ez a legnehezebb elszámolás. Önmagunknak kell felvállalnunk azokat a dolgokat, amiket megteszünk – vagy amiket nem teszünk meg.

Nagyon sokan el szeretnénk rejteni olyan tulajdonságainkat, tetteinket, részeit az életünknek, melyekre nem vagyunk büszkék. A sötétben nincs árnyék, de fényben élni sokkal kellemesebb. Ha kilépünk a fénybe, akkor meg fog jelenni az árnyék is. Sosem megoldás a rejtegetés, mert a világ elől bármit el tudunk titkolni, de bennünk továbbra is ott marad és gátol a fejlődésben, az előrejutásban, a kiegyensúlyozott élet megélésében. Lépj át az árnyékodon! Eltűnni sosem fog, de ne engedd általa magad megrekedni. Tűzz ki újabb és újabb célokat, és valósítsd meg őket!

Kívánom mindenkinek, hogy el tudja érni a céljait, és észrevenni az életben az apró kis csodákat.

A szerző

Horváth Diána Zalaegerszegen született 1983. 09. 22-én. Általános iskola után a gimnázium következett, majd a főiskolai tanulmányok: gazdasági vonalon pénzügyi és számviteli végzettség, humánerőforrás-menedzserképzés, majd – átlépve a humán területre – pszichológiai vonalon a családsegítői, személyi és életvezetési, majd pszichológiai mentori végzettség. Ezt követte egy pénzügyi hatósági vizsga, majd immár teljes érdeklődésével az embereknek való segítségnyújtás felé fordult, ennek érdekében következett a számtalan természetgyógyászati, ezoterikus, parapszichológiai tanfolyam és képzés, mely ismereteknek birtokában napjainkban is másoknak segít megoldani az életükben felmerülő problémákat, illetve megszületett ez a kötet, szintén hasonló céllal.

novum KIADÓ A SZERZŐKÉRT

A kiadó

*Aki feladja,
hogy jobbá váljon,
feladta,
hogy jobb legyen!*

E mottó alapján a novum publishing kiadó célja az új kéziratok felkutatása, megjelentetése, és szerzőik hosszútávú segítése. Az 1997-ben alapított, többszörösen kitüntetett kiadó az egyik legjelentősebb, újdonsült szerzőkre specializálódott kiadónak számít többek között Ausztriában, Németországban és Svájcban.

Valamennyi új kézirat rövid időn belül egy ingyenes, kötelezettségek nélküli kiadói véleményezésen esik át.

További információkat a kiadóról és a könyvekről az alábbi oldalon talál:

w w w . n o v u m p u b l i s h i n g . h u

novum KIADÓ A SZERZŐKÉRT

Értékelje ezt a könyvet honlapunkon!

www.novumpublishing.hu

Made in the USA
Monee, IL
03 May 2026

49438579R00083